本书受到国家自然科学基金项目（71862006，72262006），贵州省科技计划项目（黔科合平台人才［2017］5788号；黔科合平台人才［2018］5781号）的资助

企业家贫困经历、家族控制权配置与家族企业投资金融化研究

许为宾　著

中国财经出版传媒集团
经济科学出版社
Economic Science Press

图书在版编目（CIP）数据

企业家贫困经历、家族控制权配置与家族企业投资金
融化研究/许为宾著. -- 北京：经济科学出版社，
2022. 11
ISBN 978 - 7 - 5218 - 4175 - 6

Ⅰ. ①企…　Ⅱ. ①许…　Ⅲ. ①企业家 - 影响 - 家族 -
私营企业 - 投资行为 - 研究　Ⅳ. ①F279. 245

中国版本图书馆 CIP 数据核字（2022）第 205433 号

责任编辑：庞丽佳　刘子銮
责任校对：王京宁
责任印制：邱　天

企业家贫困经历、家族控制权配置与家族企业投资金融化研究
许为宾　著
经济科学出版社出版、发行　新华书店经销
社址：北京市海淀区阜成路甲 28 号　邮编：100142
总编部电话：010 - 88191217　发行部电话：010 - 88191522
网址：www. esp. com. cn
电子邮箱：esp@ esp. com. cn
天猫网店：经济科学出版社旗舰店
网址：http://jjkxcbs. tmall. com
北京时捷印刷有限公司印装
710 × 1000　16 开　12.5 印张　200000 字
2022 年 12 月第 1 版　2022 年 12 月第 1 次印刷
ISBN 978 - 7 - 5218 - 4175 - 6　定价：49.00 元
（图书出现印装问题，本社负责调换。电话：010 - 88191510）
（版权所有　侵权必究　打击盗版　举报热线：010 - 88191661
QQ：2242791300　营销中心电话：010 - 88191537
电子邮箱：dbts@ esp. com. cn）

在这样一个充满收获的日子里，很高兴看到又一位国内管理学界青年才俊，也是我指导过的博士研究生，贵州大学管理学院许为宾博士的个人学术专著《企业家贫困经历、家族控制权配置和与家族企业投资金融化研究》即将付梓，不禁感慨良多。

在全世界范围内大体有三种公司治理模式：以外部控制为主导的英美模式、以内部控制为主导的德日模式和以家族控制为主导的东南亚模式。而中国的转型经济自改革开放以来，一直是全球管理学研究难以离开的一个焦点。有关中国家族企业治理问题的研究，不仅逐渐成为全球管理学界的热点关注领域，而且更是基于中国企业治理实践进行理论构建的重要土壤。这样的研究趋势也逐步在推动传统的公司治理研究边界的扩展。单一治理主体的价值创造过程，逐渐与多治理主体的价值创造相联系，如治理机制之间的相互作用，就被证明是改善企业绩效的重要途径。公司治理主体价值创造的多元化结构和机制，也就进一步成为中国家族企业治理改革实践的重要力量。

改革开放以来，民营企业家群体凭借其快速增长的经济和社会资本，成为一个迅速崛起的社会阶层。一部分企业家通过政治吸纳进入体制内，成为与国家共谋共生的重要力量。这使得民营企业家群体内部存在明显的组间差异，被政治吸纳的民营企业家与其他民营企业家形成了一个分裂的企业家群体，两者之间在资源供给能力和发展信心方面是不一样的，进而使其在经营策略上也存在显著不同。改革开放后，企业家的社会来源较为复杂，民营企业家创业之前的社会身份组间差距较大。这种组间差距在很大程度上决定了家族企业治理机制和投资行为的差异性。

从现有研究来看，现有文献对中国家族企业的控制权结构特征及控制权偏好的成因仍缺乏足够的经验认识。首先，未能对家族控制企业的行为及其动因给出明确的理论解释和实证支持。在现有的代理理论和新制度主义主导的研究框架下，研究人员可能忽视了企业主自身的意志认知等个性化特征对企业控制权配置偏好的影响。其次，对于控制权配置方式的研究主要集中于金字塔结构以及超额控制权等控制权结构形式方面，而忽视了不同配置方式在内涵属性上的差异。

近年来心理学和社会学方面的理论研究和经验证据均表明，个体早期的生活经历对于其思想认知和决策偏好具有深远的影响。依据烙印理论的观点，特定阶段的环境特征将对个体或组织产生重大影响——个体和组织将打上环境特征的烙印，且这种烙印将持续影响个体和组织的行为，不会轻易消失。尤其是对于中国家族企业来说，这些企业的企业主大多出生于20世纪五六十年代，因为历史的原因，大多有过贫困的生活经历；有过贫困生活经历的企业家与没有过贫困生活经历的企业家在对待财富和风险的态度方面必然是存在差异的。曾经为了改变生活处境，跨入更高的社会阶层所付出的努力和人生经历，也使得不同的企业家在上述方面必然存在差异，并导致其在企业控制权配置偏好和投资行为方面打上早年生活经历的烙印。

同时，从今天中国企业的投资行为来看，在逐利性的驱使下，大量实体企业积极参与金融投资，其中不乏家族企业。民间资金的金融化是企业趋利行为的必然体现，但同时也呈现出不同的个体、区域甚至文化差异。我们不禁会思考，一向以固守实业著称的家族企业，其投资行为呈现金融化状态背后的决定因素有哪些？我想无论如何是绕不开作为企业家领导者对企业家的影响。那么，由此引发的问题是：早年生活经历会如何影响企业家对于企业控制权配置的选择，以保证自己的意志偏好可以转化为企业的投资决策行为？而这样的一个问题在这本书中得到了较好的解答。

至今我都还记得 2011 年那个炎热夏天，我在贵州大学讲学期间的间歇，当时还是云南大学教师的许为宾和我见面的情景。当时他在硕士阶段的研究积累，特别是他在管理学学术研究方法上的娴熟运用，给我留下了深刻的印象。几番谈话和沟通后，我果断鼓励他当年报考我在南开大学 2012 年的博士招生计划。2012 年 9 月，许为宾以优异的入学成绩入读南开大学中国公司治理研究院和南开大学商学院公司治理专业博士研究生，开始了他对上述有关中国公司治理问题的思考和研究历程。从 2012 年至今，他心无旁骛，潜心研究，力求有所作为，有所研究心得，天道酬勤。求学期间，他专注于公司治理与企业投资决策行为之间关系问题，发表了一系列相关论文，并在此基础上一鼓作气完成了博士学位毕业论文。毕业后，许为宾博士直接进入贵州大学管理学院，并有幸获得了国家自然科学基金项目，在该项目研究的基础上，最终形成这部学术著作，可喜可贺。

该学术著作聚焦家族企业控制权配置异质性，探索企业家早年贫困经历如何影响家族控制权配置选择，并进而影响家族企业投资金融化的内在机理。研究结果还原和解构家族企业从"企业主是谁"到"企业是谁"再到"企业怎么行动"的内在逻辑与动态实践，从理论前沿角度对"企业家个体意志"到"企业组织行为"的主导逻辑给出了新的描述。从而突破了以往主要是基于单一的制度理论进行研究的边界，以新的理论视角为中国家族企业控制权配置偏好的产生动机及其对投资决策的影响，提供了一个差异性的解构逻辑，更系统、深刻地解析和揭示家族企业控制权配置和投资决策行为的主导逻辑及其新规律，从而有助于发现新思路和新结论，丰富和深化该领域的理论研究。

由于研究对象的特殊性和数据收集的困难，书中难免有一些不尽如人意，挂一漏万的地方。但总体上来说，许为宾博士这部学术专著是我国家族企业治理领域中的探索性成果，同时也体现了一位中国高校青年教师和学者长期在求学路上求真务实、不骄不躁的心路历程。作为许为宾的博士生导师，感记以上文字，并以朱熹《观书有感》鞭策为宾，"半亩方塘一鉴开，天光云影共徘徊。为渠哪得清如许，为有源头活水来。"祝为宾学术之心常在，学术之树长青。

周　建
南开大学商学院
南开大学中国公司治理研究院

目 录

第1章
绪 论

1.1 研究背景与研究问题

1.1.1 研究背景

资金流向"脱实向虚"是中国经济发展步入新常态后，金融与实体经济背离的重要表现之一（李扬，2014），学术界将其称为"投资金融化"。在逐利性的驱使下，大量实体企业积极参与金融投资，其中不乏家族企业。根据学者统计，2008～2017年中国上市公司持有的金融资产占总资产比例从5.2%上升到7.57%，金融投资现金流占总投资现金流比例从12.99%上升到51.98%（雷新途等，2020）。

民间资金的投资金融化是企业趋利行为的必然体现，但同时也呈现出不同的个体、区域甚至文化差异。我们不禁会思考，一向以固守实业著称的家族企业，其金融化投资背后的决定因素有哪些？已有研究观点认为，家族企业特异性行为的产生需要意愿和能力的统一，两者缺一不可（De Massis et al.，2014）。而对于家族企业来说，企业家的影响是主导性的。这也就意味着，一方面，企业家的意志偏好是企业投资行为产生的内在动因；另一方面，企业家的控制能力使得其意志偏好能够落实在企业投资决策中，是家族企业投资行为产生的组织保障。那么，由此引发的问题是：家族企业的掌控者会如何选择控制权配置方式，以保证自己的意志偏好可以转化为企业的战略投资决策。

现有关于此问题的研究主要是根据新制度主义，认为制度效率在家族企业创建和生存过程中发挥着重要作用（Amit et al.，2011），家族企业的控制权配置和投资决策内生于制度环境。但仍然难以解释这样一个问题：为什么同一制度环境下的不同家族企业的控制权配置和投资决策依然存在差异？因此，关于此问题的研究尚有拓展空间：一是现有研究主要考察了家族企业与非家族企业在创新行为方面的差异，其隐含假设是家族企业之间是同质化的。然而，由于资源禀赋和企业目标上的差异，相对于家族企业与非家族企业之间的差异，家族企业之间在决策行为上的差异性更大（James et al.，2017）。

二是制度环境对企业内部的影响，归根到底要通过管理者这一重要媒介来实施。根据高阶理论，企业家或管理者对于外部环境的认知及其对相关信息的解释受其知识结构和价值体系的影响，而这些因素影响了其对某项方案或决策的偏好态度（Hambrick & Mason，1984）。基于汉布里克和梅森（Hambrick & Mason，1984）所提出的高阶理论，很多学者就企业家或管理者的背景特征对企业投资决策的影响进行了研究。这些研究大多采用年龄、性别、学历等人口统计学特征来指代管理者在思想认知和价值观念方面可能存在的差异，而对于造成管理者思想认知和价值观念差异背后的因素关注较少。尤其是对于汉布里克和梅森（Hambrick & Mason，1984）所提出的基础性问题："关于组织行为的研究文献几乎没有尝试将管理者的社会经济背景与组织战略联系起来展开研究"，始终没有正面回答，因而，从企业家或管理者所处的社会经济地位差异出发进行的研究也比较少。

而近年来心理学和社会学方面的理论研究和经验证据均表明，社会经济地位差异所代表的早年贫困经历，对于个体的思想认知和决策偏好具有深远的影响（Coté，2011；Fiske & Markus，2012）。根据烙印理论的观点，特定阶段的环境特征将对个体或组织产生重大影响——个体和组织将打上环境特征的烙印，且这种烙印将持续影响个体和组织的行为，不会轻易消失（Marquis & Tilcsik，2013）。尤其是对于家族企业来说，出身于贫困家庭和出身于富裕家庭的企业家，在对于权力、财富和风险的认知偏好上必然存在差异；曾经为了改变生活处境，跨入更高的社会阶层所付出的努力和人生经历，也使得不同的企业家在上述方面必然存在差异。企业家的这些早年生活经历会导致其在企业控制权配置偏好和投资行为方面有所不同。

1.1.2 研究问题

民营家族企业如何在追求高质量发展过程中，通过合理的控制权配置，解决困扰中国资本市场发展重要顽疾之一的中国上市公司投资金融化问题，一直是政府、学界和企业界共同思考的重要问题。事实上，改革开放 40 多年来，中国民营家族企业改革的管理实践，是持续导入现代企业制度的过程，是构建法人治理结构、以实现企业科学决策的过程。法人治理结构的本质，是公司治理思想。而控制权配置作为家族掌握企业的核心机制，如何实现家族控制权的有效配置，直接关系到其能否发挥有效的治理职能，进而影响企业投资决策的有效性及其经济后果。因而，对于家族企业投资金融化问题进行研究的一个新视角，就是探求作为企业投资决策行为主体的家族控制权的配置形态和过程。

而如前面所述，对于家族企业来说，企业家的影响是主导性的。这也就意味着，一方面，企业家的意志偏好是企业投资行为产生的内在动因，另一方面，企业家的控制能力使得其意志偏好能够落实在企业投资决策中，是家族企业投资行为产生的组织保障。而企业家意志偏好的形成与其早年家庭生活经历是密不可分的，这就使得家族企业的控制权配置和投资行为难免会打上企业家贫困经历烙印。

在此情况下，本书回应理论与实践研究的需要，剖析企业家贫困经历、家族控制权配置方式与家族企业投资金融化之间的关系。基于此，本书研究的核心问题是：企业家早年贫困经历究竟如何影响家族控制权配置选择，进而影响家族企业投资金融化行为，其深层次的作用机理是什么？上述问题可以分解为五个子问题：一是家族企业主的贫困经历究竟是如何影响家族控制权配置方式的；二是家族企业主的贫困经历与家族控制权配置方式关系，是否会受到企业主创业前其他生活经历的影响，以及会发生怎样的变化；三是家族控制权配置方式如何影响家族企业投资金融化行为；四是家族企业主的贫困经历和家族控制权配置方式在影响家族企业投资金融化方面究竟是何种关系；五是有什么措施可以改善家族企业的治理机制和投资决策行为。本书的研究将以此为突破口，来理解在中国经济转型背景下，企业家贫困经历对家族控制权配置及家族企业投资金融化的影响机理。

而在上述问题的研究过程中，需要解决的关键问题如下：

（1）企业家的早年贫困经历究竟如何影响企业控制权配置？

该问题事实上是对"从个体角度理解家族企业如何解决组织问题"的重新审视。对于家族企业来说，企业家的个人认知和心智过程对企业权力配置的影响是不可忽视的。而企业家的早年家庭生活经历以及创业前阶层流转经历等背景特征，对其个人认知和心智的形成具有深远影响。因此，企业家的早年贫困经历特征是研究家族企业控制权配置选择难以忽视的重要因素。

对该问题的研究，旨在结合高阶理论和烙印理论，从企业家早年家庭生活经历和创业前的阶层流动经历两方面出发，探究企业家的早年贫困经历特征如何影响其心理认知，其心理认知又如何影响其在企业控制权配置方面的偏好，从而阐释家族企业从"企业主是谁"到"企业是谁"的内在逻辑。如果不能解决上述问题，那么本书的后续研究也就变成了无源之水、空中楼阁。因此，这一问题成为本书要解决的一个关键问题。

（2）如何解析家族企业控制权配置选择并进行构念设计？

奥利弗（Oliver，1997）通过提出"资源资本"和"制度资本"的概念，明确了制度理论在企业决策过程中的特殊意义。本书的研究将企业投资决策行为的前置动因，集中于企业控制权配置这种制度平台，就从一般意义上的组织能力边界扩展到了制度资本边界。而当前对控制权配置方式的探讨主要集中于股权层面，部分研究涉及了董事会层面上决策控制权和管理层层面上的经营管理权。

如果要从制度资本角度出发，对企业控制权配置方式与投资行为之间的关系进行深刻解读，就不仅要考虑股权、董事会、监事会和高管层这四个层面的正式权力控制链条，还要考虑社会资本控制链条，以及不同层面和不同控制之间的相互博弈、制衡与整合问题，方能对公司控制权配置作出一个全面、系统、清晰的刻画，否则就打不开家族企业控制权内部配置的"黑箱"，就不可能真正弄清控制权配置是如何对企业的投资决策行为产生影响的。因此，如何对家族企业控制权配置进行准确的刻画和测度，成为本书要解决的一个关键问题。

（3）如何证明家族企业控制权配置是其投资决策行为不可忽视的前置因素？

本书所构建的家族企业控制权配置概念，在于将企业家个人的认知行为合理地融入企业内部权力配置，使其可以将自己的意志偏好转化为企业的战略投资决策。更进一步来说，在马克思看来，从来就没有纯粹的经济科学，资源只能在特定的权力关系下进行配置。在公司治理理论和实践中，企业投资决策及其经济后果取决于控制主体和控制权的设计或制度性安排。从这一角度出发，不难理解，家族企业的投资决策行为及其经济后果，本质上取决于是否具有某种合理的权力配置机制，并以其作为提高企业资本配置效率的制度性能力。在这个问题中，相应的基于制度安排的家族企业控制权配置方式的内涵凝练及其与投资行为的关系将是一个难题。

（4）用什么样的研究方法才能涵盖本书所构建的企业家贫困经历、控制权配置和投资金融化之间的关系？

本书涉及三个核心的构念，分别为企业家贫困经历、控制权配置和投资金融化，从现有研究来看，这三者的确存在关联性，但它们的概念并不在同一个研究层面上，这样在研究方法上势必倾向于层级回归，或使用新的路径分析；而另一潜在的要求在于源自家族企业控制权配置的形成演进过程可能会使用动态面板分析或纵向案例分析等更为准确的匹配方法。上述三个核心构念之间的影响路径既可能多而明显，又可能潜在或出现拐点，导致本书在研究方法的选择方面存在难度。如何选择科学的研究方法以破解研究现象上的疑惑，为研究工作提供更严谨的科学保证，就成为本书研究的一个关键问题。

1.2　研究目标与研究意义

1.2.1　研究目标

本书将社会学和心理学相关知识引入公司治理，基于烙印理论、高阶理论、权力理论和行为金融学知识，分析家族企业控制权配置的形成及其与投资行为的关系，关注企业家早年家庭生活经历在这种交互关系中的基础性影响。探索在当前经济新常态下，企业家贫困经历及创业前的其他生活经历，如何影响家族控制权配置方式，并进而影响家族企业投资行为的内在逻辑。以此还原、解构和丰富中国家族企业控制权配置偏好的产生动机及其与企业投资行为关系的动态实践，为家族企业乃至民营企业价值创造和提升投资决策科学性奠定坚实的认知基础。同时，也为全球家族企业治理与投资决策研究增加中国情境下的参照物。具体目标如下：

（1）通过考察企业家早年贫困经历如何影响企业控制权配置选择，从企业家个体角度揭示家族企业如何解决组织问题的内在规律，深化家族企业控制权研究领域的理论认知。

（2）解读家族企业控制权配置选择的动因及其与投资行为关系的内在逻辑和动态过程，科学严谨地论证企业家社会背景特征影响企业投资行为的主导逻辑，实际上是揭开管理者对企业决策作用的中间"黑箱"，即管理者的背景特征通过什么中间桥梁来影响企业的决策行为，从而深化和补充高阶理论中关于中间作用机制的研究，同时也为全球家族企业治理研究增加和丰富中国情景下的可观察参考物。

（3）为相关部门合理引导微观企业资金流向，强化金融支持实体经济的宏观政策制定提供参考。根据本书研究结论，从优化营商环境，激发企业家的企业家精神视角出发，评价我国现行相关经济管理政策的有效性，明确其优缺点，为未来相关经济政策的改革提供方向。

1.2.2　研究意义

本书研究意义主要有以下几点：

（1）有助于新增和深化"从个体角度理解家族企业如何解决组织问题"的主导逻辑的理论理解。本书在高阶理论基础上，引入烙印理论，从企业家早年贫困经历出发，探究企业家的个人意志如何转化为企业的控制权配置选择与投资决策行为，还原和解构家族企业从"企业主是谁"到"企业是谁"再到"企业怎么行动"的内在逻辑与动态实践，从理论前沿角度对"企业家个体意志"到"企业组织行为"的主导逻辑给出了新的描述。从而突破了以往主要是基于单一的制度理论进行研究的边界，以新的理论视角为中国家族企业控制权配置偏好的产生动机及其对投资决策的影响，提供了一个差异性的解构逻辑。更系统和更深刻地解析和揭示家族企业控制权配置和投资决策行为的主导逻辑及其新规律，从而有助于发现新思路和新结论，丰富和深化该领域的理论研究。

（2）为中国家族企业的治理问题提供更适合中国情景的普适性解释。本书基于中国社会发展现实，从早年家庭经济状况方面刻画企业家的贫困经历，进而探索这一差异对企业控制权配置偏好所产生的烙印效应，以及这一效应对企业投资决策行为的影响。这既是对汉布里克和梅森（Hambrick & Mason，1984）所提出的"从管理者所处社会经济地位差异对组织战略决策进行的研究较少"问题的直接回应。同时，也为中国家族企业的治理问题，提供一个更适合中国情境的公司治理与社会治理关系层面的普适性解释。

（3）为家族企业理解公司治理有效性提供新的思路和借鉴。当前，家族企业治理机制建设更多地关注所有权比例、董事会规模、独立性、专业委员会设置等结构性问题，而较少从企业家个体意志偏好的角度考虑，如何选拔合适的企业决策者，提升其履职能力的问题。同时，从中国上市公司治理实践来看，为满足公司治理准则而进行的董事会建设，虽然达到了形式上的合规性，但并没有对企业绩效带来较大的实质性的积极影响。

而家族企业治理有效性的关键在于企业家本人。本书关注企业家贫困经历如何影响家族控制权配置和投资决策行为问题。有助于重新审视企业家在家族治理机制中的影响及其作用机理，为理解转轨经济条件下家族企业如何提升治理有效性，促进投资决策科学化提供经验证据，从而有助于推动家族企业以新的思路更有针对性地进行家族企业治理机制建设。

（4）有助于为促进家族企业乃至民营企业投资"脱虚向实"提供理论依据和路径选择。在中国经济减速换挡的新常态时期，经济结构和发展模式能否转变，关键在于微观企业的投资行为能否按照宏观调控的思路和指引切实发生变化。鉴于此，本书针对当下中国经济发展过程中出现的资金流向金融化的现实问题，从占据中国民营企业较大比重的家族企业层面解读资金流向金融化背后的动机及其机理。本书的研究结论有助于为家族企业乃至民营企业更理性地配置控制权和提升其投资决策科学性提供理论依据和路径选择。同时，也为相关政策部门合理引导微观企业资金流向，强化金融支持实体经济的宏观政策制定提供参考。

1.3　研究内容与结构安排

1.3.1　研究内容

本书回应理论与实践研究的需要，根据提炼的科学问题：企业家的早年贫困经历究竟如何影响家族控制权配置选择，进而影响家族企业投资金融化行为，其深层次的作用机理是什么？将其分解为五个子问题：一是家族企业主的贫困经历究竟是如何影响家族控制权配置方式的；二是家族企业主的贫困经历与家族控制权配置方式关系，是否会受到企业主创业前其他生活经历的影响，以及会发生怎样的变化；三是家族控制权配置方式如何影响家族企业投资金融化行为；四是家族企业主的贫困经历和家族控制权配置方式在影响家族企业投资金融化方面究竟是何种关系；五是有什么措施可以改善家族企业的治理机制和投资决策行为。研究内容分为五个部分，主要解决上述五个子问题，研究框架见图 1.1，并分述如下：

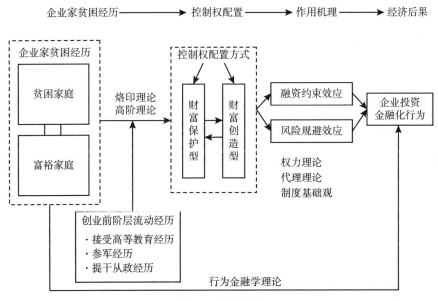

图 1.1 研究框架

（1）企业家早年贫困经历与家族控制权配置关系研究。

该部分研究内容回答"企业家的早年贫困经历究竟如何影响家族控制权配置方式"的子问题。

社会分层的依据是社会资源。社会之所以会出现不平等，就是因为社会成员对社会资源的占有状况不同，从而形成了不同的社会阶层。依据社会层级理论，社会层级的客观性和主观性是紧密相连的（Liu et al.，2004）。不同社会阶层所占据的物质资源的差异性会进而影响其个体的主观认知，处于不同社会阶层的人拥有不同的社会关系资本和文化价值观（Bourdieu，1984；Kraus，Tan & Tannenbaum，2013；Markus & Fiske，2012）。生长于较高社会层级家庭的个体，通常享有丰富的物质资源，其经济安全性或者说心理安全性较高（William，2012）。更进一步说，处于高等级社会阶层的个体更加的乐观、自信和具有安全感，对权力、风险和财富安全的敏感性较低。相反，处于社会底层的个体，由于其所享有的物质资源的匮乏，导致其心理安全性缺乏，对权力、风险和财富敏感性较高（Kishgephart & Campbell，2015）。

在行为学研究中，学者们发现早期经历直接影响着成年个体的行为模式，童年期是个体思维方式和价值观形成的阶段，衣食冷暖等童年经历影响个体素质的形成（Locke，1974；Elder et al.，1991）。不同贫困经历的个体会深切地受到该贫困经历特有的文化理念和行为价值观的影响，进而形成其特有的精神特质和行为模式，包括影响到个体对财富和风险的态度。烙印理论认为，在"环境"敏感期内，个体为适应特定环境而养成的特征，会在后期持续对其认知以及行为产生影响（Christopher et al.，2013）。即使所处的环境在后期发生了变化，早期打下的烙印也可能会继续发挥作用（Simsek et al.，2015）。企业家往往试图将自己的早期经历在领导岗位上展现出来（Jonas et al.，1989）。

从中国社会实际来看，由家庭经济条件所形成的阶层差异，会使得出身于不同阶层的企业主在早年时期所面对的物质财富和精神价值观念存在不同，其在物质财富、社会保障、生活方式、文化价值观念等方面存在较大差异，而这一差异同样对企业主早期个体认知判断和价值标准的形成具有巨大影响，并进而影响其后期对企业控制权配置的选择行为。

高阶理论已经表明，团队领导行为具有较强的个性化色彩，受到个性心理的影响。事实上，控制权配置的差异也反映出其个人生活模式和阅历的差异（Graham & Narasimhan，2015；Benmelech & Frydman，2015）。对于家族企业来说，其控制权配置事实上是企业主个人意志的体现。具有不同成长经历的企业主，其对于权力、风险和财富安全的态度存在差异，必然导致其对于如何控制权力、风险和财富安全的行为选择上也是存在差异的，这一差异将直接导致其在企业控制权配置选择方面的不同。

综合上述分析，本部分的研究内容主要包括以下两个细分内容：①家族企业控制权配置的内涵、测度指标与评价分类方法；②企业家贫困经历对企业控制权配置选择的影响研究。

（2）创业前其他生活经历对企业家贫困经历与家族控制权配置关系的影响。

该部分研究内容辅助回答上一个研究子问题，旨在识别企业家贫困经历与企业控制权配置关系，是否会受到企业主创业前其他生活经历的影响，以及会发生怎样的变化。

不同的生活经历代表着其获取新的物质资源的机会，以及与新的社会阶层发生较多社会联系的机会，有助于其形成新的物质资本和社会资本，并进而影响其形成新的行为认知和价值判断。烙印效应理论指出，在个体成长路径中会出现多个环境敏感期，环境敏感期主要是指焦点主体的状态发生转换的时期（从一个阶段过渡到另一个阶段），因而，焦点主体在发展过程中会经历多个环境敏感期（Marquis & Tilcsik，2013）。而后期敏感环境打下的烙印会不断覆盖之前的烙印，进而呈现出动态变化的特点（Judge et al.，2015）。

从中国社会发展实际来看，一方面，家庭经济条件的改变是影响个体社会阶层迁转的一个重要因素。另一方面，从社会学角度来看，新中国成立以来，中国个体家庭实现社会阶层迁转的主要途径是当兵、上大学和提干。参军、教育升学和提干从政，既是个人社会地位的体现，也是社会分层的重要机制，反映了国家制度变迁下不同的人才选拔标准或不同类型资源拥有者的生活机遇变化（汪建华，2011）。这些经历对个体人生际遇通常具有特殊性影响，扮演着人生转折点的角色，因此，对于个体心理认知的影响较为深远。

如从参军经历来看，已有研究认为，有参军经历的管理者一般是在青年时期进入部队或者军校，正是心理逐渐成熟和价值观的形成期，这段经历所赋予的与众不同的教育和环境，必然会对其信念和偏好产生影响（晏艳阳和赵民伟，2016）。马尔门迪耶等（Malmendier et al.，2011）研究发现参军管理者在公司财务政策上更为激进。再比如从教育升学经历来看，已有研究认为，高学历的企业家相比较其他学历层次的企业家，拥有更多的知识储备，更强的学习能力，以及建立在知识判断基础上的探索精神（Wiersema & Bantel，1992；Hambrick，Cho & Chen，1996；Finkelstein & Hambrick，1996）。同时，高学历企业家的社会网络在网络规模和网络成员层次上具有明显的优势，其通过社会关系运作获得的资源或支持更多（陈传明和孙俊华，2008）。而这些更多的知识储备和社会关系资源，将使企业家个体形成新的认知偏好。再如，从从政经历来看，有在体制内工作经历的企业家发展出与体制环境相匹配的特征（Marquis & Tilcsik，2013；戴维奇等，2015），形成体制性的能力烙印和认知烙印，进而通过能力烙印和认知烙印两个方面的作用影响其识别政策性机会，最终影响企业的投资行为。

因此，企业家创业前的其他生活经历，将以新烙印的形式调整个体在早年家庭生活中所形成的认知偏好，进而有可能会影响企业家贫困经历与家族控制权配置方式之间的关系。

综合上述分析，本部分的研究内容主要包括以下三个细分内容：①创业前参军经历对企业家贫困经历与企业控制权配置关系的调节效应；②创业前接受高等教育经历对企业家贫困经历与企业控制权配置关系的调节效应；③创业前提干从政经历对企业家贫困经历与企业控制权配置关系的调节效应。

（3）家族控制权配置方式对家族企业投资金融化的影响研究。

该部分研究内容回答"家族控制权配置方式究竟如何影响企业投资金融化行为的子问题。

公司的控制权配置是在特定的所有权结构安排下，治理结构和治理机制中各利益相关者的目标冲突和利益权衡后所形成的一种博弈均衡。掌握控制权的主体不同，那么控制权私有收益的形成、分配和转移过程中所涉及的投资行为方式必然会存在差异（窦炜等，2015）。从现有文献来看，家族企业在所有权结构和家族化程度上存在较大差异（傅瑜和申明浩，2013），造成企业控制权配置形式也有很大不同。根据前面的论述，企业家贫困经历以及创业前的阶层流转经历，使其对于权力、风险和财富安全的认知方面存在差异，从而导致其在进行企业控制权配置选择方面存在较大不同。基于上述分析，本书根据上市公司治理结构特征，结合家族企业经营和控制方式的不同，将家族企业控制权配置方式分为财富保护型和财富创造型两种类型。而由控制权配置差异所引致的决策主体任意裁量权不同，决策资源、分工及主体利益差异，会使得决策主体之间的互动机制发生变化，进而会影响到企业投资行为及其经济后果。

更进一步来说，从现有研究来看，家族控制对投资决策的影响有风险规避和长期投资承诺两种假说。风险规避假说认为，家族财富通常依赖于其所控制公司的生存和业绩，家族控制人由此承担了较大的公司特有风险（Anderson & Reeb，2003）。因此，与非家族企业相比，家族企业所有者有较强的降低公司风险的动机。长期投资承诺假说认为，家族控制人希望将家族财富不断传承下去，使得每一代家族成员都能从中受益。因此，家族所有者对企业长期持续的承诺潜在地拓宽了其长期投资视野（Chen et al.，2008）。而企业投资金融化投资行为本身蕴含一定的风险性和投机性，依据不同的假说，家族控制权配置对企业金融化投资行为的影响效应是不一样的。本书感兴趣的是：家族企业控制权配置方式对家族企业投资金融化的影响机理中，是否存在风险规避效应或长期承诺效应，或者其他效应？如果存在，那么在不同的控制权配置方式中，究竟何种影响效应占据主导地位？综合上述分析，本部分的研究内容探究：控制权配置方式对家族企业投资金融化的影响机理比较。

（4）企业家贫困经历与控制权配置在影响企业投资金融化方面的关系。

这一部分将重点探讨两个方面的内容：一是企业家贫困经历对家族企业投资金融化行为的影响机制，即家族控制权配置方式在企业家贫困经历与家族企业投资金融化行为之间起到的中介作用；二是企业家贫困经历与家族控制权配置方式的匹配性，对家族企业投资金融化行为的影响。

首先，综合第一部分和第三部分的研究内容，可以发现，企业家贫困经历对家族控制权配置方式有影响，而家族控制权配置方式又对家族企业投资金融化行为有影响作用。因此，在这一部分中，作为前面部分的后续研究，主要是检验家族控制权配置方式能否对企业家贫困经历与家族企业投资金融化关系起到中介效应。

事实上，依据高阶理论，管理者或企业家的早期经历等异质性，会使他们的公司政策出现个人风格的"印记"。行为金融学派则认为，公司财务行为的本质是人的行为，企业家早期经历会影响其个人的偏好及信念，进而影响公司的财务政策。但值得注意的是，研究企业家背景与企业决策行为之间的直接联系是存在缺陷的。菲克斯坦因和汉布里克（Finkelstein & Hambrick，1996）指出，这种直接的关系常常"不大可能发生"。因为它们之间真正的因果联系在更大程度上取决于管理者的认知和心智过程。同时，根据前面的论述，"家族企业特异性行为的产生需要意愿和能力的统一，两者缺一不可"（De Massis et al.，2014）。也就是说，一方面，企业家的意志偏好是企业投资行为产生的内在动机，另一方面，企业家的控制能力使得其意志偏好能够落实到企业投资决策中，是家族企业投资行为产生的组织保障。即企业家的意志偏好需要通过一定的组织权力中介作用于企业的决策行为。

而具体到本书的研究，从上述三个部分研究内容的论述中可以得出这样的逻辑：企业家早年的家庭生活经历影响其早年对于权力、风险与财富安全的认知，从而使其在家族控制权配置方式选择方面存在差异，而不同的家族控制权配置方式对家族企业投资金融化行为的影响存在差异。这就产生了有中介效应的逻辑链。因此，从理论和逻辑推演来看，家族控制权配置方式能够对企业家贫困经历与家族企业投资金融化之间的关系形成中介效应。

更进一步来看，当前学界对企业控制权配置问题的研究大致有一种倾向：就是寄希望于通过对正式制度的理性设计，构建控制权配置结构的最佳模式。但此类研究面临的问题是：如果市场存在最佳的控制权配置结构，那么在优胜劣汰的竞争机制下，市场只会剩下一种最优的控制权配置结构模式。但从企业发展实践来看，企业的控制权配置结构模式，并没有呈现出达尔文主义的单向性演进。在此背景下，部分研究者将目光转到关注控制权配置的动态过程，倾向于寻求控制权配置过程中各利益主体之间实现良性互动的条件和因素（Kim & Ozdemir，2014）。而对于家族企业来说，在这一过程中，研究者难以忽视的约束条件就是企业家的影响。家族企业的决策机制是以企业主为中心的，企业家特征对组织结构及其决策的影响非常重要（Miller & Vries，1982）。而一个企业若能在企业家特征与组织权力结构之间进行良好匹配，将有利于组织确立目标，使资源得到最优分配，最终有利于提升投资决策的科学性。

具体到本书的研究主题来看，早年生活经历不同的企业家具有差异化的认知行为，而不同的控制权配置方式具有不同的权力内涵、决策倾向和执行能力。企业家需要通过一定的控制权配置方式，来保证自己的意志偏好可以转化为企业的战略投资决策。那么，早年生活经历不同的企业家，与不同的控制权配置方式相结合，必然导致差异化的投资行为。本书将分析和检验：早年生活经历不同的企业家，应当与何种控制权配置方式相匹配，才会有助于改善企业投资金融化行为。

综合上述分析，本部分研究内容包括以下两个细分内容：①企业家贫困经历与家族企业投资金融化：家族控制权配置方式的中介效应检验；②企业家贫困经历与家族控制权配置方式的匹配性对家族企业投资金融化的影响。

（5）对策应用研究。

基于上述理论分析和实证检验结果，从宏微观角度对优化家族企业控制权配置，改善家族企业投资金融化行为进行政策研究。从微观角度看，本书从实证角度来寻找企业家早年贫困经历与企业控制权配置及投资行为之间的内在逻辑，因此，应当意识到企业家自身决策可能会受到早期生活经历的影响，克服决策过程中的非理性因素的影响，增加决策理性，积极推进家族企业治理机制优化的必要性。为此，本书将结合研究结果，从优化家族企业控制权配置角度对家族企业治理机制优化问题给出建议。

从宏观角度来看，当前促使微观企业投资"脱虚向实"的关键在于，优化企业生存的制度环境，激发企业家精神，使其勇于和敢于投资实业，走创新驱动发展之路。事实上，制度环境是转型期国家或地区的企业组织研究的最主要的内容，也是解释相应的企业行为发生、发展和变化最有效的理论模式，制度环境对转型经济下企业的企业家精神具有重要的影响（Welter & Smallbone，2006；蒋春燕和赵曙明，2012）。因此，经济发展不能只关注于企业家精神，还需要关注诱导企业家努力方向的制度环境。通过优化企业生存的制度环境，激发企业家精神，最大限度地削弱企业家早年贫困经历对企业投资金融化所产生的负面效应。初步考虑结合我国治理体系与治理能力现代化建设背景，开展激发企业家精神、引导家族企业实施创新式驱动发展的营商环境建设研究。

综合上述分析，本部分研究内容包括以下两个细分内容：①宏观层面优化家族企业治理机制和投资行为的对策建议；②微观层面优化家族企业治理机制和投资行为的对策建议。

本书的研究内容如表1.1所示。

表 1.1 研究内容

科学问题：企业家早年贫困经历究竟如何影响家族控制权配置选择，进而影响家族企业投资金融化行为，其深层次的作用机理是什么？	
研究内容一： 企业家早年贫困经历与家族控制权配置关系	（1）家族企业控制权配置的内涵、测度指标与评价分类方法； （2）企业家贫困经历对企业控制权配置选择的影响研究
研究内容二： 创业前其他生活经历对企业家贫困经历与家族控制权配置关系的影响	（1）创业前参军经历对企业家贫困经历与企业控制权配置关系的调节效应； （2）创业前接受高等教育经历对企业家贫困经历与企业控制权配置关系的调节效应； （3）创业前提干从政经历对企业家贫困经历与企业控制权配置关系的调节效应
研究内容三： 家族控制权配置方式对家族企业投资金融化的影响研究	控制权配置方式对家族企业投资金融化的影响机理比较
研究内容四： 企业家贫困经历与控制权配置在影响企业投资金融化方面的关系	（1）企业家贫困经历与家族企业投资金融化：家族控制权配置方式的中介效应检验； （2）企业家贫困经历与家族控制权配置方式的匹配性对家族企业投资金融化的影响
研究内容五： 对策应用研究	（1）宏观层面优化家族企业治理机制和投资行为的对策建议； （2）微观层面优化家族企业治理机制和投资行为的对策建议

1.3.2 结构安排

本书共分为六个部分，各章节内容的逻辑结构如图 1.2 所示：

第 1 章绪论。基于企业投资金融化程度较高的现实，以及学术界关于家族企业控制权配置和投资行为研究不足的背景，进一步突出在中国转型经济情境下重新审视和理解家族企业治理与家族企业投资行为关系的必要性，并凝练本书的科学研究问题。在此基础上，介绍本书的研究内容、研究意义、研究技术路线和具体方案、结构安排以及研究创新之处。

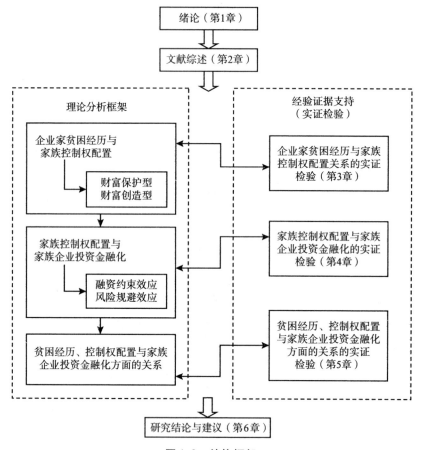

图 1.2　结构框架

　　第 2 章文献综述。围绕研究的科学问题，以及核心变量进行文献梳理。从当前关于企业决策权配置的理论认知、关于国有企业决策权配置的界定和主要测量方式、家族企业控制权配置研究三个方面，对企业决策权配置的相关文献进行整理归纳。从企业投资金融化的内涵和度量、企业投资金融化的动因研究两方面，对企业投资金融化的相关研究成果进行整理。最后在梳理文献的基础上，对已有研究情况进行综合评析。

　　第 3 章企业家贫困经历与家族控制权配置方式。该部分概述了中国家族企业的发展概况。在此基础上，实证检验企业家的早年家庭生活经历对家族控制权配置方式的影响，以及接受高等教育经历、参军经历、工作经历、政治关联和市场化程度的调节效应等。

第 4 章家族控制权配置方式与家族企业投资金融化。该部分从家族控制权配置方式的融资约束效应和风险规避效应出发，以沪深 A 股上市家族企业为样本，检验家族控制权配置方式影响家族企业投资金融化的融资约束效应与风险规避效应。并在此基础上，对两种作用机制进行比较。

第 5 章贫困经历、控制权配置与家族企业投资金融化。在第 4 章、第 5 章研究结论的基础上，以沪深 A 股上市家族企业为样本，实证检验家族控制权配置方式在企业家贫困经历与家族企业投资金融化之间的中介效应，以及企业家贫困经历与家族控制权配置方式的匹配性对家族企业投资金融化的影响，进而解释企业家贫困经历影响家族企业投资金融化的作用机制。

第 6 章研究结论与建议。在前面各章研究的基础上，对所得到的研究结果进行归纳总结，并根据研究结论，提出相应的政策建议；指出本书研究的不足之处，以及未来可能获得突破的研究方向。

1.4 技术路线与研究方案

1.4.1 技术路线

本书的技术路线如图 1.3 所示。

我们遵循"观察现象→提炼问题→理论探索→实证检验→应用对策"的研究逻辑，首先围绕本书所提炼的科学研究问题，阅读和梳理国内外权威期刊关于企业家背景特征、家族企业治理及其投资行为的相关文献和前沿动态，以明确相关核心概念，确定本书研究的理论贡献和突破方向。同

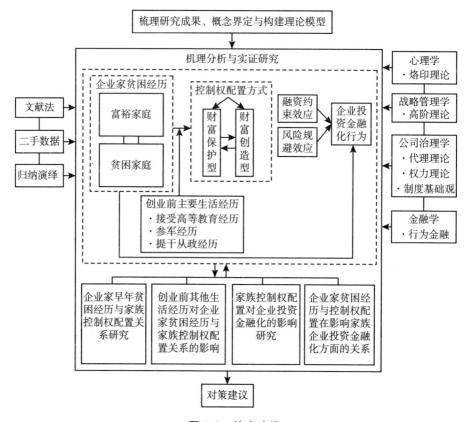

图 1.3　技术路线

时，通过对典型案例的观察和部分家族企业的访谈来验证规范分析所提出的基本判断的可靠性。

在上述工作的基础上，首先运用高阶理论、烙印理论、代理理论、权力理论以及行为金融学等传统和新兴的相关理论，详细阐释企业家贫困经历特征、家族控制权配置方式与家族企业投资金融化之间的逻辑关系，提出关键命题或研究假设。

然后，采用二手数据、问卷调查法、企业访谈等多种方法，针对样本企业进行数据收集和整理。根据收集的数据资料，采用因子分析、logistic回归、层次回归、GMM、结构方程模型等多元统计方法以及案例研究法，检验规范分析得到的研究命题或假设。

最后，根据以上实证分析，采用典型企业访谈法重新进行调查，使逻辑框架与实践检验的结果相适应，并进行合理的修正完善。采用历史比较分析法探讨本研究的有效性和局限性，并对现行的相关宏观经济管理政策进行评价。同时，采用归纳法，和对本书研究成果进行归纳、整理和总结。

1.4.2 研究方法

本书将采用兼顾质化和量化的多元研究方法来探讨被提炼出的科学问题，具体如下：

（1）基于二手数据和问卷调研的数理统计方法。首先，课题组在现有文献积累的基础上，就相关核心概念及理论框架达成初步共识。识别和界定相关核心概念和测量指标。对于难以从公开途径或专业数据库获取相关数据的样本企业，将采用实地考察和问卷调研的方式获取相关数据。项目组将在现有相关调查量表及问卷的基础上，结合中国国情，邀请相关专家对初始问卷进行试评定，就问卷内容与实际情况符合程度，以及问卷可读性和合理性进行评定，经过反复的修订和论证，获得预试问卷。其次，选择具有代表性的家族企业进行小样本的预调查，根据对预调查结果的分析、筛选，形成正式问卷，并开展大样本的正式调查，以此获取相关研究数据。而对于能够通过公开途径或专业数据库获取的二手数据，项目组将根据理论模型和研究假设，收集样本企业的相关数据。

其次，在大样本的二手数据和问卷调研数据基础上，运用统计分析方法检验理论分析的合理性。钱颖一（2003）认为：证据的数量化，使得实证研究结果具有一般性和系统性，能够减少经验研究中的偶然性和表面化现象。本书拟运用多元统计回归技术，分别对企业家早年贫困经历、企业控制权配置和企业投资行为之间的主效应关系、中介效应关系和调节效应关系进行检验。考虑到当代实证研究对内生性问题处理的极大关注。我们在相关检验中，分别采用工具变量法进行两阶段最小二乘回归，以及构建联立方程组，采用三阶段最小二乘法（3SLS）对相关方程一同加以估计的方法来进行处理。通过上述检验，以达到最终为本研究所提炼的科学问题提供经验证据的目的。

（2）历史比较分析法。即运用发展、变化的观点分析客观事物和社会现象的方法。客观事物是发展、变化的，分析事物要把它发展的不同阶段加以联系和比较，才能弄清其实质，揭示其发展趋势。有些矛盾或问题的出现，总是有它的历史根源，在分析和解决某些问题的时候，只有追根溯源，弄清它的来龙去脉，才能提出符合实际的解决办法。本书将在对策应用研究阶段，采用此方法从纵向和横向两方面，对历史上家族企业治理问题以及宏观经济政策问题进行比较和对照，分析其异同及缘由。通过历史经验或教训，结合我国经济新常态的现实背景，评价本书研究结论的有效性和局限性，以及当前家族企业控制权配置和相关宏观政策的局限性，并给出相关对策建议。

（3）归纳演绎方法。在实证研究结果基础上，结合国有企业混合所有制改革的主要实践，对实证分析结果进行归纳整合及推理演绎，丰富本书各项研究结论的现实经济含义和政策含义。在此基础上，提出有针对性的建议措施，以提升研究成果的理论价值和实际应用价值。

1.4.3 具体研究方案

本书各部分内容的研究方案具体如下：

（1）企业家贫困经历与家族控制权配置关系。

首先，选择《美国管理评论》《战略管理研究》《金融经济学研究》《公司治理国际评论》《管理研究》《家族企业评论》《管理世界》《南开管理评论》《外国经济与管理》等国内外重要期刊，阅读和梳理企业家个人背景特征（尤其是早年贫困经历特征）与家族企业控制权配置等领域的相关文献。其次，项目组在构建理论模型和提出研究假设之前，选择典型案例进行扎根理论分析，并对部分企业进行过访谈，提炼核心概念的构成要素和关键特征。在此基础上，基于高阶理论、烙印理论和权力理论的基本逻辑，推演企业家贫困经历是否会导致其在企业控制权配置选择方面存在差异，并提出相关研究假设。

根据已有文献对个体早年贫困经历的研究，本书对企业家早年贫困经历主要从早年家庭生活经历和创业前的其他生活经历两方面进行研究。其中，企业家的早年家庭生活经历是根据高迪（Coté，2011）的研究，从家庭经济条件出发将分为富裕家庭和贫困家庭两个层级。具体测量参考许年行和李哲（2016）、马永强等（2019）的研究，将出生于贫困地区或贫困家庭的企业家界定为有贫困生活经历的企业家。

根据现有关于家族企业控制权配置的研究，本书一方面采用当下流行的家族企业控制权测度方式进行研究，其主要是借鉴和拓展维拉隆加和阿密特（Villalonga & Amit，2009）、拉波特等（La Porta et al.，1999）、陈德球等（2014）对家族企业控制权测度的方法，分别以股东大会层面公司终极控制权和现金流权分离度、董事会层面家族董事席位超额控制为度量指标，对家族企业控制权进行分解，度量家族控制权偏好程度。

另一方面是参考肯姆和奥德米尔（Kim & Ozdemir，2014）的研究，将家族企业控制权配置分为财富保护型和财富创造型两种类型，具体测度方面初步考虑从企业的信任基础（家族内部信任为主还是外部信任为主）、经营主体（所有者与经营者合一还是所有者与经营者分离）、领导权威（家长单边权威还是职业经理人权威）、管理决策（家长集权决策还是经理人专业化决策）、股权结构（家族"一股独大"还是股权多元化）、领导权结构［董事长和CEO（首席执行官）由家族成员担任还是非家族成员担任］、董事会和监事会结构（董事会和监事会的多样性、家族董事或监事比例、独立董事比例、战略委员会是否设立等）等方面择取相关指标，并在此基础上构建综合测量指标进行测度。

在模型检验方面主要采用直接回归和 logistic 回归等多元统计方法。在模型构建方面这一部分还会考虑到可能存在的内生性问题，拟采用

Heckman 两阶段处理和 PSM 配对检验处理。

（2）创业前其他生活经历对企业家贫困经历与家族控制权配置关系的影响。

在这一部分中，对于企业家创业前的其他生活经历，主要参考基什格法特和坎贝尔（Kishgephart & Campbell，2015）的研究以及中国社会阶层流动实际，从阶层身份迁转的主要途径方面进行测量，从中国实际来看，参军、上大学和提干曾经是中国家庭成员实现阶层上升的主要途径。因此，企业家创业前其他生活经历初步考虑从是否有接受高等教育经历、是否有参军经历、是否有提干从政经历三方面进行衡量。

在研究模型构建方面，主要是进行调节效应的检验，即企业家贫困经历与企业控制权配置关系是否依赖，以及如何依赖于创业前阶层流动经历而发生改变。具体来说主要进行四个调节效应的检验：

一是接受高等教育经历对企业家贫困经历与企业控制权配置关系的调节效应；二是参军经历对企业家贫困经历与企业控制权配置关系的调节效应；三是提干从政经历对企业家贫困经历与企业控制权配置关系的调节效应。

在具体检验方法方面，根据温忠麟等（2005）的研究，由于自变量和调节变量类型的不同，所采用的检验方法也不一样，具体如下：

①如果自变量（X）和调节变量（M）均为类别型显变量，就需要作两因素有交互效应的方差分析（ANOVA），交互效应即调节效应。

②如果自变量（X）为连续型显变量，调节变量（M）为类别型显变量，就需要进行分组回归：按 M 的取值分组，作 Y 对 X 的回归。若回归系数的差异显著，则调节效应显著。

③如果自变量（X）为类别型显变量，调节变量（M）为连续型显变量，自变量使用伪变量，将自变量和调节变量中心化，作 $Y = aX + bM + cXM + e$ 的层次回归分析：

首先，作 Y 对 X 和 M 的回归，得测定系数 R12。其次，作 Y 对 X、M 和 XM 的回归得 R22，若 R22 显著高于 R12，则调节效应显著。或者作

XM 的回归系数检验，若显著，则调节效应显著。

④如果自变量（*X*）和调节变量（*M*）均为连续型显变量，将自变量和调节变量中心化，作 $Y = aX + bM + cXM + e$ 的层次回归分析（同上）。除了考虑交互效应项 *XM* 外，还可以考虑高阶交互效应项（如 *XM*2，表示非线性调节效应；*MX*2 表示曲线回归的调节）

从本部分研究内容涉及的变量情况来看，自变量（企业家贫困经历）和调节变量（接受高等教育经历、参军经历和提干从政经历）均为显变量，且自变量（企业家贫困经历）和调节变量［家庭经济地位变化（上升或降低）、接受高等教育经历（是否）、参军经历（是否）和提干从政经历（是否）］均为类别变量。因此，调节效应的检验需要作自变量（企业家贫困经历）和调节变量（家庭经济地位变化、接受高等教育经历、参军经历和提干从政经历）两因素有交互效应的方差分析（ANOVA），交互效应即调节效应。

（3）家族控制权配置对家族企业投资金融化的影响研究。

在这个部分中，对于企业投资金融化的测度，参考现有研究文献，初步考虑采用金融投资率（金融投资/总资产）进行衡量。对企业金融投资的测量主要是依据全国私营企业抽样调查报告相关数据，该调查是由中共中央统战部、国家市场监督管理总局、中华全国工商业联合会、中国民（私）营经济研究会组成课题组，依托各省、自治区、直辖市工商局和工商联的力量完成的。从第十次调查开始，对相关企业的投资方向进行了详细调查，分别为用于扩大原有产品生产规模、用于企业新产品研发、用于企业技术创新和工艺改造、投向新的实体经济领域、投向房地产行业、投向股市期货、投向民间借贷，以及收购、兼并或投向其他企业。参考相关研究，本书初步考虑将投向房地产行业、投向股市期货、投向民间借贷等资金视为企业金融投资。在此基础上，首先是构建金融化投资哑变量，来考察企业投资中是否存在金融化行为；其次是构建连续变量，表示企业投资中金融化投资的规模。

在模型构建方面，如前所述，根据现有研究，家族企业控制权对企业投资行为的影响主要有两类观点：一种是长期投资承诺假说，另一种是风险规避假说。那么在家族企业控制权配置和企业投资金融化的关系中，长期投资承诺效应和风险规避效应是否存在？或者是其他影响效应？如果存在，何种机制发挥主导作用？这是现有研究尚未解决，而本书将重点解决的问题。为从经验上检验家族企业控制权配置的不同作用效应的差异性，在模型构建方面将采取新的研究策略。

具体来看，首先，通过直接回归检验家族企业的不同影响效应是否存在，如果存在，假如能够验证其中一种影响效应起主导作用，那么，就能够识别出不同家族企业控制权配置作用效应的差异。要实现上述策略，关键在于控制其中一种影响效应，以便分离出另一种影响效应。为此，利用企业相关数据构建一种影响效应的指标，并在多元统计回归中对其加以控制，从而分离出另一种效应。最后，通过系数差异性比较检验，从经验上检验不同作用效应的重要性。对于可能存在的内生性问题，通过三阶段最小二乘法（3SLS）进行检验处理。于蔚等（2012）在《经济研究》发表的论文《政治关联与融资约束：信息效应与资源效应》；许为宾 2016 年在《经济理论与经济管理》发表的论文《政府治理影响民营企业生产率的机制：市场效应还是代理成本效应》以及 2017 年在《经济管理》发表的论文《董事会资本影响企业投资效率的机制：监督效应还是资源效应》均使用了相似策略，该策略的科学性得到认可。

（4）企业家贫困经历与控制权配置在影响家族企业投资金融化方面的关系。

该部分主要研究家族控制权配置方式是否在企业家贫困经历与企业投资金融化之间发挥了中介效应，以及不同贫困经历的企业家与控制权配置方式的匹配性，对企业投资金融化投资行为的影响。该部分的变量选取与上述三个部分的一致。

需要说明的是，在简单的中介效应的检验过程中，当前检验中介效应最常用的方法是伯恩和肯尼（Baron & Kenny，1986）所提出的逐步法。但近年来，逐步法受到学术界的批评和质疑（Hayes，2009；Zhao et al.,

2010）。目前，逐步法检验过程中的 Soble 检验逐渐被 Bootstrap 法所取代，相应的中介效应的检验程序也发生了变化（温忠麟和叶宝娟，2014）。本书将参考温忠麟和叶宝娟（2014）的研究，采用当前在中介效应检验方面的前沿性方法。新方法的应用有可能发现自变量与因变量之间除了中介效应外，还可能存在遮掩效应，而这一种影响效应尚未在现有文献中得到充分认识。该检验方法的操作程序如下：

根据温忠麟和叶宝娟（2014）的研究，构建如下三个方程：

方程 1：$Y = cX + e_1$

方程 2：$M = aX + e_2$

方程 3：$Y = cX + bM + e_3$

上述方程中 X 为自变量（企业家贫困经历）、Y 为因变量（企业投资金融化）、M 为中介变量（控制权配置模式）

第一步，检验方程 1 的系数 c，无论是否显著，都可以进行后续检验。

第二步，依次检验方程 2 中的系数 a 和方程 3 中的系数 b 的显著性，如果两者当中至少有一个不显著，则需要用 Bootstrap 法对系数乘积 ab 的显著性进行检验，如果检验结果不显著，则停止分析。如果显著则进行第三步。

第三步，检验方程 3 的系数 c 的显著性。如果系数 c 不显著，则说明中介变量（控制权配置模式）发挥了完全中介效应。如果系数 c 显著，则需要进行第四步检验。

第四步，在系数 c 显著的情况下，比较系数乘积 ab 和系数 c 的符号。如果两者同号，则中介变量（控制权配置模式）发挥了部分中介效应，报告中介效应占总效应的比例 ab/c。如果两者异号，则中介变量（控制权配置模式）事实上发挥了遮掩效应，报告间接效应与直接效应的比例的绝对值 |ab/c|。

同时，现有研究认为在具有连续结果的模型中测量中介的成熟统计技术不能轻易地推广到逻辑回归和其他（非线性）直言反应模型中。因为这些模型没有从误差方差单独估测系数，使不同回归模型系数间的比较存在一定问题。中介的估测取决于不同模型间的估测系数与不同的误差标准偏差的比较，从而导致中介难以在分类反应模型中估测，即尺度问题。本书的中介效应涉及了分类反应的问题，因此，将采用近年来提出的 KHB 法进行检验。具体如下：

第一，进行简化模型中系数与标准误差的估计。简化模型，即 y 与 x 间简单的二元关系式：$y = \alpha + \beta x + \varepsilon$。

第二，进行"完整模型"中系数与标准误差的估计。完整模型，即 x 通过 m，对 y 的影响：$y = \alpha' + \beta_1 x + \beta_2 m + u$。

第三，进行差分模型中差分系数即该系数的标准误差的估计。差分模型，即计算加入 m 后 x 的回归系数相对于 y 的变化。差分模型用于估测由于 m 导致的中介（或混杂）数量，从而解释任何与非线性反应模型相关的尺度变化。

第四，用差分系数 $\beta - \beta_1$ 来衡量中介变量 m 的效果：如果差分系数为正，x 的系数在中介的作用下减小；如果差分系数为负，x 的系数在中介变量的作用下增加，以上述作用变化来衡量中介效果。

第五，混杂百分比 $\left(\dfrac{\beta - \beta_1}{\beta}\right)\%$ 用来衡量相对于原始简化模型中的系数，完整模型里中介的数量。

对于有调节的中介效应的检验，本书研究将严格遵循温忠麟和叶宝娟（2014）的研究所给出的操作程序进行检验。该方法较为成熟，在此不做赘述。

对于不同贫困经历的企业家与控制权配置的匹配性对企业投资金融化影响的检验，其检验逻辑是：文卡特拉曼（Venkatraman，1989）对"匹配"的概念内涵及其测量方法进行了整理，根据"匹配"概念涉及的变量个数及其测量标准，将"匹配"的观点分成六种情况：多变量的整体有机性（Gestalts）、多变量的协同变异（Covariation）、与理性模式的偏离状况（Profile Deviation）、两个相关变量之间的相配（Match）、调节或交互（Morderate or Interaction）、中介或干预（Intermediary or Intervention）。

从现有研究来看，当研究涉及两个变量之间的匹配并且以效率指标（如有效性、绩效等）作为测量标准时，较多地采用中介或调节的方式。

而调节或交互的观点较好地反映了一个隐含概念——等效性。当从不同的最初状态出发，通过不同的方式实现最终状态的相同时，这一状况称为等效性（Katz & Kahn，1978）。根据等效性的观点，不同贫困经历的企业家与控制权配置的匹配都可能对企业投资行为产生影响。企业投资金融化投资行为不仅依赖于企业控制权配置，更依赖于不同贫困经历的企业家与控制权配置的匹配的有效性。因此，家族企业在治理机制优化过程中，应当有意识地提升控制权配置选择性和灵活性。基于以上分析，本书将匹配视为两个变量的共同作用，即两个变量的调节或交互作用。

根据温忠麟等（2005）的研究，本书对于不同贫困经历的企业家与控制权配置的匹配性检验，需要作自变量（不同贫困经历的企业家）和调节变量（控制权配置方式）两因素有交互效应的方差分析（ANOVA）。

（5）对策应用研究。

采用归纳法对上述研究成果进行整理。同时，结合我国家族企业治理现状，采用历史比较分析法探讨研究结论的有效性和局限性。根据研究结论，从宏微观角度对于如何优化家族企业治理机制和改善家族企业投资决策行为给出对策建议。初步考虑结合宏观政策层面的营商环境建设实践，以及家族企业控制权配置优化等提出建议对策。

1.5　研究创新点

本书的特色之处在于，坚持突出中国社会分层结构及其迁转演变的特殊性，以及当前微观企业投资金融化的现实背景，择取家族企业为研究单位，其控制权配置与投资行为关系为主体，通过对公司治理、战略管理和企业投资决策等研究领域经典理论的梳理、分析和归纳，特别是高阶理论、烙印理论等经典理论，从企业家的早年贫困经历及其创业前的其他生活经历出发，探索和检验家族企业控制权配置选择与投资行为之间内在逻辑。因此，本书的创新之处主要表现在以下几方面：

一是对家族企业控制权配置问题研究引入了新的独特视角。关于"家族企业如何解决组织问题"的研究，现有文献更多的是从外生角度考察控制权配置的经济后果（Amit et al.，2011），对形成不同控制权配置方式的内在机理研究不足（陈德球等，2014）。部分文献基于新制度主义进行了控制权配置动因的研究，认为制度效率在家族企业创建和生存过程中发挥着重要作用（Amit et al.，2011），重点突出了外部制度环境对家族企业控制权配置的影响。但这样的研究存在着"推论跳跃"，即忽视了企业家这一重要的实施媒介所发挥的作用。正如上文所述，如果家族企业的控制权配置仅仅内生于制度环境。那么就难以解释这样一个问题：为什么同一制度环境下的不同家族企业的控制权配置依然存在差异？

事实上，制度环境对企业组织的影响归根到底要通过企业主这一重要媒介来实施。尤其是对家族企业来说，企业主个人意志的影响更是举足轻重。因此，本书从对于企业主心智认知形成有着基础性影响的社会阶层经历出发，研究企业家个人早年贫困经历对企业权力配置问题的影响，是从个体角度理解家族企业如何解决组织问题以及家族控制权偏好内生决定机制的新视角。有助于揭开家族企业控制权背后的"黑箱"，为家族企业采用的不同控制权配置行为提供新的理论解释。

二是构建企业家贫困经历影响家族企业治理的主导逻辑，刻画家族企业治理与决策行为的新规律。一些国外学者认识到了企业家的背景特征对企业战略决策问题的影响，并进行了相关检验（Kishgephart & Campbell，2015）。本书侧重于从企业家贫困经历，以及创业前的其他生活经历出发，探究企业家的个人意志如何转化为企业的治理与决策行为，揭示出家族企业从"企业主是谁"到"企业是谁"再到"企业怎么行动"的内在规律，从理论前沿角度对"企业家个体意志"到"企业组织行为"的主导逻辑作出了新的描述。

三是新的研究策略以及应用前沿计量分析方法，获得新发现。为从经验上检验董事会资本的不同治理效应的差异性，设计了一种新的研究策略。董事会资本影响企业投资效率的机制主要有监督效应与资源效应。假如能够验证其中一种影响效应起主导作用，那么就能够识别出不同董事会治理效应的差异。要实现上述策略，关键在于控制其中一种影响效应，以便分离出另一种影响效应。为此，利用企业代理成本构建反映董事会监督效应的指标，并在多元统计回归中对其加以控制，从而分离出资源效应。最后，通过差异性比较检验，从经验上检验了董事会不同治理机制的重要性。

同时，在实证检验部分采用了 KHB 法进行中介效应的检验。通常，中介分析涉及结果变量（y）、预测变量（x）和中介变量（m）：预测变量可以直接影响结果，通过中介间接影响结果，也可以两者结合影响结果。然而，在具有连续结果的模型中测量中介的成熟统计技术不能轻易地推广到逻辑回归和其他（非线性）直言反应模型中。因为这些模型没有从误差方差单独估测系数，使不同回归模型系数间的比较存在一定问题。中介的估测取决于不同模型间的估测系数与不同的误差标准偏差的比较，从而导致中介难以在分类反应模型中估测，即尺度问题。本书将摒弃传统的伯恩和肯尼（Baron & Kenny，1986）所提出的对于中介效应的逐步检验方法，采用近年来提出的 KHB 法，这样就可以解决本书部分内容研究中所涉及的非线性回归中的尺度问题。

第2章
文献综述

本章围绕所提炼的科学问题"企业家早年贫困经历究竟如何影响家族控制权配置选择,进而影响家族企业投资金融化行为,其深层次的作用机理是什么?",系统梳理关于企业决策权配置以及企业投资金融化方面的相关研究成果。在此基础上,分析现有成果的可供借鉴之处和不足之处,从而为本书研究提供理论基础和支持。

2.1 关于企业决策权配置的研究

本书研究的科学问题,从形式上看源于中国经济新常态下的家族企业的资本流向问题。但从微观组织视角看,这一问题实质上取决于家族企业的掌控者如何进行控制权配置,以保证自己的意志偏好可以转化为企业的战略投资决策。因此,本书的科学问题被凝练为:企业家早年贫困经历究竟如何影响企业的控制权配置选择,进而影响企业投资金融化投资行为,其深层次的作用机理是什么?

企业决策权配置是事关决策主体如何有效参与企业重大决策的一整套制度设计,目标是构建实现企业价值创造的制度平台。因此,作为一种制度安排,决策权配置的合理性,成为保障企业战略决策科学性的必要条件,本书在现有研究的基础上,梳理了关于企业决策权配置的理论认知,以及关于家族企业决策权配置的主要研究成果。

2.1.1 当前关于企业决策权配置的理论认知

企业决策权配置问题，是公司治理领域近年来的研究热点问题（Krause et al.，2014；Goergen et al.，2015；曹晶等，2015；周建等，2016）。决策权配置通常是指对决策层内各成员权力大小状况的描述（Smith et al.，2006）。而是否存在一种最优的决策权配置状态来推动企业发展，这是关于企业决策权治理研究的学者试图解答的问题。围绕这一重要问题，不同研究者所选取的研究角度和所依据的基础理论的差异，使得各种研究结论之间不尽相同。从已有的研究成果来看，研究者所依据的基础理论主要有三个：代理理论（Agency theory）、管家理论（Stewardship theory）、资源依赖理论（Resource dependence theory）。

代理理论建立的基础是有限理性的经济人和信息不对称假设。该理论认为人性倾向于利己主义与机会主义，在所有权和经营权相互分离的现代企业中，代理人（经营者）存在追求个人利益最大化的动机和实现的可能性。委托人与代理人之间不可避免地会发生利益冲突，从而产生代理问题（Jensen & Meckling，1976）。而在存在且必须处理代理关系的公司组织中，权力的分散化有助于更好地发挥监督激励机制的治理作用，为所有权和控制权分离的经济效率提供治理保障。同时，代理理论认为企业决策所需要的专业知识掌握在不同的人手中，权力的分散化有利于提升决策管理和决策监控分离，带来的专业化效率（Fama & Jensen，1983）。而集中化的权力配置如董事长和 CEO 两职合一等，一方面不利于抑制管理层的堑壕效应，另一方面也不利于董事会对高管层的决策执行及经营行为作出客观的评价（Conger & Lawler，2009）。在这一理论背景下，一些学者和企业家们达成了共识，要求企业决策层实行分散型的权力结构，提高董事会的独立性。

另一些从管家理论视角来进行相关研究的学者对上述观点持反对意见。他们认为，管理者出于对自身尊严、信仰和工作成就感的追求，能够成为敬业、尽责的公司"管家"（Davis et al.，1997），为实现委托人（股东）的利益最大化而勤奋尽责地工作（Donaldson，1991）。因此，在战略决策过程中，作为企业决策主体的董事会和高管层之间，主要呈现出一种相互合作的关系状态。而决策权配置的分散性，将增加董事会和高管层之间的不信任感，并且抑制管理者的积极性（Sundaramurthy，2003）。而集中型的权力分布状态如董事长和 CEO 两职合一，则有利于企业提高对市场环境的适应能力，便于组织效率的提升，进而提高企业的经营绩效（Donaldson & Davis，1991；Brickley et al.，1997）。

资源依赖理论的学者考虑情景的重要性，认为企业决策权配置与企业经济绩效关系会受到环境动态性和复杂性的调节（Boyd，1995；Smith，2014）。事实上，随着学者们对企业决策权配置与企业经济绩效关系的研究深入，学者们逐渐意识到，并不存在一种适用于各种情境下的企业决策权配置方式（Bhagat et al.，2008；Yoshikawa & Rasheed，2009）。也就是说，企业的最佳权力配置方式并不是唯一的，而是随着企业所处的环境发生改变。因此，学者们开始将学术研究的焦点转向企业如何根据其治理环境选择有效的权力配置方式。在复杂的环境中，集中型的权力分布状态更有利于促进企业绩效（Jacquart & Antonakis，2014）。同时，决策权配置既然不存在固定的最佳模式，就意味着企业需要根据环境变化，来不断调整权力分布以实现想要的决策结果。因此，关于决策权配置变化的细节方面有待进一步研究。

实际上，公司内部存在的各个利益主体有着不同的利益取向。这些利益主体之间有时会相互合作，有时会爆发利益冲突，这使得企业决策权配置状态也在发生变化。最新的研究趋势在于，企业决策权配置变化与情境密切相关，变化的形式也存在多样性，如克劳斯和塞马德尼（Krause & Semadeni，2012）的研究发现，作为企业决策权配置状态核心标志的领导权结构的分离形式有三种模式，分别是学徒式分离、离职式分离和降职式分离。这三种模式对应决策权配置的变化，与企业面临的绩效变化直接相关联。因此，结合企业面临的环境，采用合适的变换模式，才能实现更优的决策效果。

在上述国外研究中，大多数对决策权配置的研究主要是基于董事会和高管层为决策主体进行的，同时，主要的实证检验也集中于探究董事长和CEO 两职合一状态的经济后果。一些学者从董事会和高管团队的整体特征入手，进行权力分布的相关研究。比如，有的学者研究了高管团队权力分布与企业财务绩效之间的关系（Smith et al.，2006）。研究发现，在企业中，高管团队的权力主要集中在两个人身上，当这两个人的人口统计学特征差异较大的时候，两个权力较大的人之间能够相互制衡，企业绩效较高。另外，有的学者研究了家族企业的决策权配置问题，研究发现，在家族企业中，家族成员与非家族成员之间的权力越均等，家族企业的绩效越好（Patel & Cooper，2014）。

国内学者的研究也主要遵循了西方学者的研究路径，基于上述三大理论，以中国上市公司为样本，进行关于决策权配置的实证检验。其研究也主要集中于探究董事长和 CEO 的两职合一或分离状态，是否会对企业的经济后果产生差异化影响。研究结论呈现三种不同的观点：

一类观点认为，董事长和 CEO 两职合一能够给 CEO 带来更大的权力，使其能更好地主导董事会，从而有助于战略决策方向的清晰和战略决策速度的提升。而两职分离则容易导致权力冲突和管理混乱，从而影响战略决策的质量及客观性。如初旭和周杰（2013）、周建等（2014）、李烨和黄速建（2016）等研究均证实了上述观点。

另一类观点则认为，两职合一使得 CEO 的权力过大，导致其他董事很难反对 CEO 的战略决策。同时，经营环境的不确定性使得战略决策需要更广泛的信息，而两职分离能够更好地满足这一信息需求，因此董事长和 CEO 两职合一的权力状态更有利于企业发展。如李云鹤等（2011）、王福胜和宋海旭（2013）、徐向艺和汤业国（2013）、张玉明等（2016）从不同方面对此观点进行了验证。

还有一类观点则认为领导权结构状态与企业绩效无关，如李四海等（2015）的研究发现，两职分离或两职合一的权力配置与企业业绩并不存在显著的相关性。朱韬和丁友刚（2016）的研究证实，国有企业领导权结构变化对业绩没有显著影响。

国内也有学者摒弃单一的企业领导权结构特征，从整个决策团队的权力分布特征出发进行研究。如陆云波等（2010）研究了团队权力分布与绩效的非线性关系，他们对高管团队的权力因子进行了定义，并将其分为集权因子和自主因子两类，并指出提高高管团队在集权因子上的综合决策能力可以改善团队绩效。另外，也有学者指出权力在高管团队中均衡分布有利于提高企业绩效（曹晶等，2015）。

总体上来看，已有研究主要从单一维度研究企业的决策权配置，鲜有从团队整体层面多维度的角度去研究，例如，很多研究只考虑了 CEO 集权程度对企业绩效的影响，或者只考虑了高管团队的权力分布特征，而忽略了整个董事会及其他决策团队的权力分布特征，尤其是在董事会成员和高管成员存在交叉任职的情况下，这种忽视必然导致研究出现矛盾性结论。而对于家族企业来讲，由于其所有权高度集中的领导管理体制的特殊性，企业家扮演了重要的决策主体角色。同时，家族企业经营管理的重要目标是实现家族财富的保值增值，在此情况下，国有企业的决策权配置方式能否实现这个目标就需要重点思考。因此，本书将在现有文献重点考虑董事会和高管层的基础上，从保障经营目标实现的角度出发，对决策权配置进行研究。

2.1.2 关于企业决策权配置的界定和主要测量方式

（1）现有文献中关于决策权配置的界定。

传统商业组织以科层等级制为主的组织特征，使得早期的学者认为决策权的配置主要是纵向等级上的集权与分权问题。一类研究将其限定在决策行为主体之间的权力分配方面，将决策权配置视为层级组织中高层管理者所拥有的权力程度，以及权力根据层级下放的程度（Young & Tavares，2004）。其中，集权主要是指组织内部的权力和权威高度集聚在高级管理者手中或者少数个体手中；分权则是指下级员工不受上层管理者干预的工作自主权。另一类研究者则认为决策权配置是企业组织不同层级或不同组织单元之间的权力分配程度，如古普塔和戈文达拉扬（Gupta & Govindarajan，1991）认为决策权配置是指内部母子公司之间，以及不同业务单元之间的决策权范围。

随着经营环境的日益复杂，企业组织中不同层级之间、不同业务单元和部门之间需要相互沟通交流信息，共同参与决策过程，才能有效提升决策质量。因此，学者们认为决策权配置不仅需要考虑集权与分权的程度，也需要加入决策参与要素。其主流观点是：决策权配置是可以从权力的等级、集聚性和参与决策三个方面进行界定和测量（Carter & Cullen，1984）。权力的等级和集聚性主要是指不同层级之间的分配与授权问题，属于决策权的结构性分配问题，参与决策主要是决策权集中和分散的度量问题，属于决策权的行为性分配问题。

决策权配置的另一层面就是决策权的横向分配，即决策权在同一层级不同个体或组织单元之间的分配情况。其中横向集权主要是指决策权在同一层级不同个体或组织单元之间的集聚程度；横向分权则是指决策权的同一层级不同个体或组织单元之间的分散程度，体现为被允许现场做决策的单元或部门的数目（陈建安和胡蓓，2007）。横向分配中也会考虑参与决策的问题，现有研究认为参与决策主要包括单元之间的权力分配决策权的跨水平边界传递，方法主要有赋予团队自主权、战术商讨以及跨职能的委员会指导等（Christina & Sieloff，2003）。

（2）现有关于决策权配置的测量。

在决策权配置测量方面，主要是依据决策权界定从纵向分配和横向分配两方面进行。纵向测量方面，一类研究是采用主观感知测量办法，如巴尔加瓦和克尔卡尔（Bhargava & Kelkar，2001）、林山等（2005）主要依据权力等级和决策参与情况进行测量量表设计，以问卷调查作为主要研究方法和数据获取手段。

另一类研究则是采用客观测量方法，从集权和分权的深度和广度等方面展开测量，具体如下：

一是权力分配层级方面，主流的测量方法主要是依据企业层级如基层员工、中层管理人员、副总经理、董事长等不同的级别来设置决策点，以平均层级为标志计算集权指数（Meagher & Wait，2004），具体计算如下：

$$C = \frac{4dm_{hm} + 3dm_{sm} + 2dm_{om} + dm_{em}}{\sum\limits_{i=hm,sm,om,em} dm_i} \qquad (2.1)$$

式（2.1）中，dm_i 表示 i 层级的决策指数。如果 i 层级制定某项决策，则 $dm_i = 1$；如果不制定则为 0。hm 代表高层管理人员；sm 表示高级现场经理；om 表示现场经理；em 表示一般员工。

二是集聚程度方面，研究者认为决策事项在各层级之间的频率分布也能够反映权力大小，因此，卡特和科伦（Carter & Cullen，1984）设计了决策权在不同层级之间的集聚程度的测量办法，具体采用如下计算方法：

$$DC_V = 1 - \frac{\sum\limits_{i=1}^{m} |x_i - \bar{x}|}{2\sum\limits_{i=1}^{m} x_i} \qquad (2.2)$$

式（2.2）中，DC_V 表示决策权在层级之间的分散度；χ_i 表示第 i 层级的决策事项数；χ 表示所有层级决策事项的平均数。$DC_V(DC_V \leqslant 1)$ 越接近 1，决策权在各层级之间的分配就越分散；DC_V 越小，决策权可能就越集中在某个或某几个层级上。

三是组织的集权度方面，部分学者主要从公司治理角度进行测量，如有的学者提出，从结构性权力、所有者权力、专家权力和声望权力，四个方面来测量企业中的权力（Finkelstein，1992）。也有学者采用薪酬差距进行衡量，如刘华（2002）。主流的做法则更注重结构性权力，即权力是否集中在最有权力的领导者手中，通常表现为董事长与 CEO 的两职合一情况。在实证研究中，通常将领导权结构情况采用 0 - 1 虚拟变量进行测量，两职合一代表权力较大的情况，赋值为 1，否则为 0。

决策权横向配置测量方面，主流的做法是采用权位值对权力配置进行量化处理（吴素文等，2002），具体计算如下：

$$p = \sum_{i=1}^{n} f_i(r, \alpha, t) \qquad (2.3)$$

式（2.3）中，p 为权位值；n 为权力客体的数量；r 为权力客体的被影响程度；t 为权力主体与客体之间的信息反馈时间；α 为权力客体的能力。但是，吴素文等仅对权位值进行了理论阐述，并没有分析如何具体计算权位值。

总的来说，现有关于决策权配置界定主要是沿着集权—分权连续带进行研究，将其视为决策权在组织不同层级和不同主题之间的集中于分散状态。相关测量也主要依据权力的集中与分散程度进行测量。但是，现有关于决策权配置的界定与测量主要是围绕权力分布状态进行的，而忽视了作为决策群配置主要前置动因的股东性质及其偏好的影响，这就需要对决策权配置作进一步的界定和测量。

2.1.3　家族企业控制权配置研究

家族企业控制权配置问题，是公司治理领域近年来的研究热点问题，控制权配置实际上是把终极控制权、决策控制权和经营管理权的权能在股东、董事会和经理层之间进行有效分配和组合的过程，它构成了家族企业控制权配置的核心和基础（Stiglitz，1985；陈德球等，2012）。控制权作为家族企业权利配置的核心，其配置方式将直接关系到企业治理机制能否有效发挥治理作用，进而影响企业经营的经济后果。那么，是否存在一种最优的控制权配置状态推动企业发展，这是关于研究企业控制权配置的学者试图解答的问题。围绕这一重要问题，不同研究者所选取的研究角度和所依据的基础理论的差异，使得各种研究结论之间不尽相同。本书主要从家族企业控制权配置的前置动因、强化机制和经济后果（投资决策）三方面进行综述。

（1）家族企业控制权配置的前置动因研究。

对于家族企业控制权配置的前置因素的研究主要基于两类观点展开，如表2.1所示。

表2.1   家族企业控制权配置前置动因的研究

研究视角	主要观点	参考文献
新制度主义视角	外在制度环境的不同是影响企业控制权配置差异的主要动因。在制度环境较差的地区，企业具有较高的集中控制权	拉波特等，1999
	在转型经济中，制度环境欠佳，针对中小股东的产权保护机制尚不完善，在此情况下，中小企业会通过强化控制权进行自我保护	彭和赫赛，1996
	在家族主义文化或价值观的熏陶之下，企业更加倾向于采取家族控制模式	波特兰和斯卡拉，2006
	不同国家和地区的企业采用金字塔结构的程度与投资者权益保护的法律完善程度的之间呈倒"U"型关系	里安托和图尔塞马，2008
	在法律对投资者保护更弱的国家，控制人有意调低两权分离度，以抵消由此导致的公司价值减损	休斯，2009
	随着投资者权益保护的增强，公司对控制权强化机制的使用有所下降，两权分离度变低	秋莫等，2013
	地区法律制度效率和金融深化显著降低家族控制权结构中的控制权与现金流权分离和家族董事席位超额控制程度，其影响家族控制权偏好的机理分别是降低控制权私人收益和缓解融资约束	陈德球等，2013
	在产权保护制度尚未完备、金融体系发展仍然滞后的环境下，民营企业却支撑了令人瞩目的经济增长，原因在于有适应环境的内生性企业行为和特殊的家族治理安排	朱建安等，2015
	实际控制人的宗族观念越强，亲属参与的差序格局越明显；此外，宗族文化的影响在宗族影响力越大、外部监管环境越差时更突出，当实际控制人经历过"文化大革命"，或拥有海外经历时则被削弱	潘越等，2019
	巨富家族作为终极控制人在世界范围内较为普遍，他们不仅在微观上表现出较强的控制权私利攫取动机，而且在宏观上通过其放大的财富影响力妨害资本市场资源配置和经济增长	马克等，2005
代理理论视角	相较于非家族企业的大股东，家族企业大股东更倾向于创始人"二职合一"或者让家族成员担任高管	陈等，2008
	指出相较于非家族企业，由创始家族出任管理层的家族企业，大股东和小股东之间的代理冲突更严重	陈等，2010

续表

研究视角	主要观点	参考文献
代理理论视角	企业家有可能为了降低代理成本而强化对企业的控制权掌控	德弗兰克等，2016
	二代接班准备企业的家族董事席位超额控制程度会显著增加，但二代接班上位后企业的家族董事席位超额控制程度则会明显降低	刘星等，2021

一是新制度主义视角的研究。新制度主义理论认为，行为主体总是在一定的制度环境约束下，以实现自身利益最大化为动机，作出理性的行为抉择（Lee & Barney，2007）。对于企业组织来讲，如果制度环境的参数（如产权制度、法律制度等）发生了改变，就会影响企业实现自身利益最大化的策略。在此情况下，企业会选择相应的治理结构来应对这种制度环境变化（Williamson，1991）。自哈特和摩尔（Hart & Moore，1990）以来，不完备合同理论就将控制权放在企业组织的核心地位上。这是因为在不完备合同的情况下，控制权的配置是产权效率的重要决定性因素。家族企业对于控制权有着天生的偏爱，这是因为控制权的创造性运用是企业获取价值或创造企业家利润的重要工具，也与家族企业的传承问题密切相关。在产权保护和代理成本较高的制度环境下，控制权也成为一种替代性制度工具而被家族用来保护其产权利益免遭侵犯。

拉波特等（La Porta et al.，1999）的研究发现，外在法律环境的不同是影响企业控制权配置差异的主要动因。有相当多的研究关注了转型经济制度环境对企业控制权配置的影响。在转型经济中，制度环境欠佳，针对中小股东的产权保护机制尚不完善（Peng & Heath，1996）。如果现行法律制度不能对企业投资者加以保护，则由企业所有权与控制权分离带来的委托代理问题将变得格外显著，由此，企业家会不断强化其控制权，以获得更多的控制权私人收益（Burkart et al.，2003）。里安托和图尔塞马（Riyanto & Toolsema，2008）研究证实，不同国家和地区的企业采用金字塔结构的程度与投资者权益保护的法律完善程度之间呈倒"U"型关系。

休斯（Hughes，2009）通过对欧洲 12 国的研究发现，部分地区的投资者并未受到法律的有效保护，导致这些地区的企业实际控制人，为抵消两权分离对公司价值造成的减损而有意降低两权分离度。而在时间序列动态分析的证据上，秋莫等（Cuomo et al.，2013）通过对意大利企业的研究发现，公司对控制权强化机制的使用频率会随着对投资者权益保护的增强而下降，从而降低了两权分离度。

上述研究主要是从法律环境等正式制度角度出发进行的分析，也有研究认为非正式制度如文化规范也是影响家族企业控制权配置的重要因素之一（Bertrand & Schoar，2006）。如波特兰和斯卡拉（Bertrand & Schoar，2006）的研究发现，在家族主义文化或价值观的熏陶之下，企业更加倾向于采取家族控制模式。

二是代理理论视角的研究。代理理论认为两权分离、信息不对称和代理人的自利性，使得委托人和代理人之间存在利益冲突。代理人在追求其自身利益最大化的过程中有可能会损害到委托人的利益，从而产生代理成本（Jensen & Meckling，1976）。公司治理学将代理问题划分为两类：第一类为股东与经理人之间的委托代理问题，第二类为大小股东之间的委托代理问题。从第一类代理问题视角来看，大股东加强对企业的控制，会使大股东更有能力和动机监督经理人，甚至由企业家自己担任经理人，从而有助于缓解有所有权和经营权两权分离所导致的第一类代理问题。事实上，控股股东在一定程度上有利于对公司经理人形成有效监督，防止经理人的不当行为（Jensen & Meckling，1976；Shleifer & Vishny，1997）。因此，企业家有可能为了降低代理成本而强化对企业的控制权掌控（Villalonga & Amit，2010）。从第二类代理问题视角来看，对企业的超额控制使得控股股东有能力通过牺牲中小股东的利益来获得控制权私有收益。马克等（Morck et al.，2005）指出，巨富家族作为终极控制人在世界范围内广泛存在，在微观上，他们具有较强获取控制权私利的动机，在宏观上，他们以其放大的经济能力对资本市场的资源配置和经济增长产生不利影响。大股东控制权私有收益是家族企业强化控制权配置的动因。

　　国内学者的研究沿袭了西方学者的研究路径，主要结合中国作为一个转型经济国家的特征，重点从新制度主义视角进行了相关检验。如陈德球等（2012，2013）、何轩等（2016）、朱建安等（2015）、李娜（2014）等均从制度环境视角对家族企业控制权问题进行了研究，其中代表性的观点如陈德球等（2013）的研究认为，在转型经济中，民营企业采取家族式控制权结构是一种对制度机会的利用和对制度风险规避的机制，企业的控制权结构内生于制度环境。其通过实证检验发现，地区法律制度效率和金融深化显著降低家族控制权结构中的控制权与现金流权的分离程度以及家族董事席位超额控制程度（陈德球等，2013）。

　　（2）家族控制权的强化机制研究。

　　家族控制权的强化机制研究如表 2.2 所示，控股家族主要采用对董事会席位的控制、金字塔结构（Pyramidal structure）、双重股权架构（dual-class share）、交叉持股（cross ownership）等机制来平衡控制权和现金流权。马克等（Morck et al.，2005）通过对世界范围内家族控制企业方式的考察发现，家族企业强化控制权的方式有金字塔结构、交叉持股、超额股权和任命家族成员为企业下一层级的高管等方式，其中采用金字塔结构是家族企业强化控制权最主要的机制，其余为家族企业强化控制权的次要机制。

表 2.2　　　　　　　　　　　　家族控制权的强化机制研究

主要观点	参考文献
家族企业采用金字塔结构是最主要的控制权强化机制，交叉持股、超权股和委派家族成员出任下层企业高管是控制权强化的次要机制	马克等，2005
两权分离程度越高与大股东控制的董事会席位比例正相关	叶和沃德科，2005
仅研究股权安排方式的控制权强化机制属于"股权控制链"分析范式，低估了终极股东对上市公司的实际控制程度，还应该采用"社会资本链"分析范式研究终极控制人利用社会资本在股东层、董事层和经理层强化控制权的行为	高闯和关鑫，2008

续表

主要观点	参考文献
董事会席位超额控制是美国家族企业最主要的控制权强化机制	维拉隆和阿米特,2009
股东协议代表大股东间实际的合谋行为,既是控制权的强化机制,也能成为一种有效的合作协调机制	波拉特,2010
家族董事席位配置是家族强化对企业控制权的重要机制	刘星等,2020

除了股权安排机制,还有非股权安排机制,例如股东协议和董事会席位超额控制等。波拉特(Belot,2010)认为股东协议代表大股东之间存在合谋舞弊行为,该协议不仅能强化控制权,还能成为一种有效的合作协调机制。沃德科(Woidtke,2005)考察了中国台湾家族企业两权分离程度与大股东控制的董事会席位比例的关系,发现两者呈正相关关系。维拉隆加和阿米特(Villalonga & Amit,2009)通过对美国家族企业的研究发现,董事会席位超额控制是美国家族企业最主要的控制权强化机制。我国学者高闯和关鑫(2008)指出,要体现上市公司终极股东对公司的实际控制程度,仅仅对股权安排方式的控制权强化机制进行研究远远不够,还应该对终极控制人利用社会资本在股东层、董事层和经理层强化控制权的行为进行研究。

(3)家族企业控制权配置与投资决策。

依据不同的研究理论,家族企业控制权配置对企业投资决策的影响主要形成了两类观点:长期投资承诺假说和风险规避假说,如表2.3所示。

表2.3 家族企业控制权配置与投资决策

研究视角	主要观点	参考文献
长期投资承诺假说	创始人(控制人)在没有家族成员内部的代理问题和矛盾的情况下,更注重于企业长期发展	波特兰和斯卡拉,2006
	家族成员把企业不仅仅视为一种收入来源或金融投资,更多的是把经营企业视为可以传承给子孙后代的资产而非仅仅是可以消耗的财富	阿盖尔,2007

续表

研究视角	主要观点	参考文献
长期投资承诺假说	家族所有者对企业长期持续的承诺潜在地拓宽了其长期投资视野	陈等，2008
	家族会倾向于投资具有长远收益的高风险项目	窦炜和刘星，2015；夏夏等，2015
	家族股东更可能把有限的资源投入长期的可以为企业带来竞争优势的研发投资中	伦普金和布鲁厄姆，2011
	同非家族控制的上市公司相比，家族控制的上市公司整体上更有可能进行研发投资，且研发投资强度更大	蔡地，2015
	家族企业，尤其是年轻家族继承人参与经营的企业，重视企业长远发展，致力于创新，认为技术研发之后所申请的专利，一方面可以在竞争的环境中提高家族的声誉，另一方面，可以保护家族财富，因此会更倾向于 R&D 投资	班诺，2016
风险规避假说	家族财富通常依赖于其所控制公司的存续和业绩，家族控制人由此承担了较大的公司特有风险	安德森和瑞伯，2003
	企业目标中能够满足家族情感需要的非经济目标，例如家族形象、家族声誉、认同感等，保存社会情感财富或避免损失社会情感财富往往是家族企业决策的首要参照点，公司风险投资容易损失社会情感财富，因此，家族企业更倾向于保守的投资态度	戈麦斯·梅西亚，2007
	为了保证控股家族控制权不被稀释，其成长资金一般来源于家族企业内部积累，所以家族企业倾向于短期投资、审慎投资，以尽量规避投资所带来的不确定性风险	陈德球和钟昀珈，2011
	家族企业，特别是后续几代的家族企业，倾向于对现有产品进行市场拓展，获得短期财务收益以维持企业运转，而不是进行产品技术研发和产品更新换代等风险性投资行为	科里等，2016
	家族控制的风险规避行为会抑制企业 R&D 投资等风险性投资	唐清泉等，2015

　　根据代理理论，管理人员和股东之间的利益冲突在家族企业中较少（Jesen & Mecklen，1976）。家族企业所有者为家族成员，管理者通常也由家族成员出任，两者拥有共同的价值导向和利益诉求，因此，家族企业通常第一类代理问题较少。在此情况下，家族成员不单单将企业视为收益来源或投资项目，更重要的是把经营企业视为可以传给后代的资产而不是用来挥霍的财富（Anderson & Reeb，2003；Arregle et al.，2007）。

根据长期投资承诺假说，当家族成员内部不存在代理问题和矛盾时，企业的长远发展会更加成为创始人（控制人）关注的重点（Bertrand & Schoar，2006）。而部分由家族大股东进行监管的企业，其投资期限也较长（Jame，1999）。同时，家族声望的传承离不开家族企业的信誉，家族成员愿意为长期投资项目付出更多的时间和耐心以实现共同的家族目标。因此，家族企业所有者为了企业的长期持续发展可能会选择更长远的投资项目（Chen et al.，2008）。家族会倾向于投资具有长远收益的高风险项目（窦炜和刘星，2015；Sciascia et al.，2015）。比如家族股东更可能把有限的资源投入长期的可以为企业带来竞争优势的研发投资中（Lumpkin & Brigham，2011）。家族企业，尤其是年轻家族继承人参与经营的企业，重视企业长远发展，致力于创新，认为技术研发之后所申请的专利，一方面可以在竞争的环境中提高家族的声誉，另一方面，可以保护家族财富，因此会更倾向于研究与开发（R&D）投资（Bannò M，2016）。

根据风险规避假说，家族所控制的公司的持续发展和经营业绩是影响家族财富的重要因素，家族控制人也由此需要承担与公司有关的大部分风险（Anderson & Reeb，2003）。而且为了保证控股家族控制权不被稀释，其成长资金一般来源于家族企业内部积累，所以家族企业倾向于短期投资、审慎投资，以尽量规避投资所带来的不确定性风险（陈德球和钟昀珈，2011）。

所以，长期项目对于企业投资来说具有较大的不确定性，通常企业会减少这一类型的投资，尤其是当股权相对集中时，家族控制人对长期投资项目的态度会更加审慎。而正是因为家族企业不愿承担长期投资带来的不确定性风险，并且由于家族的控制权偏好和保守主义，家族企业不愿进行股权融资，在成长资金缺乏和不能与其他投资者分担风险的情况下，家族企业，特别是后续几代的家族企业，倾向于对现有产品进行市场拓展，获得短期财务收益以维持企业运转，而不是进行产品技术研发和产品更新换代等风险性投资行为（Cucculellim et al.，2016）。唐清泉等（2015）发现，企业风险性投资活动诸如 R&D 投资等会受到家族控制的风险规避行为的影响而减少（唐清泉等，2015）。

综上所述，纵观国内外理论文献，尽管学者们已经关注家族企业治理问题，但是对中国家族企业的控制权结构特征及控制权偏好的成因仍缺乏足够的经验认识。诸多的研究并未能对家族控制企业的行为及其动因给出明确的理论解释和实证支持。在现有的代理理论和新制度主义主导的研究框架下，研究人员可能忽视了企业主自身的意志认知等个性化特征对企业控制权配置偏好的影响。

此外，对于控制权配置方式的研究主要集中于金字塔结构以及超额控制权等控制权结构形式方面，而忽视了不同配置方式在内涵属性上的差异。

关于控制权配置与企业投资决策关系的研究，大多关注控制权配置所导致投资不足或投资过度的选择，以及国际化投资和 R&D 投资等，而忽视了企业投资在实体经济与虚拟经济之间的配置行为及投资导向问题。

2.2　企业投资金融化投资行为的研究

2.2.1　企业投资金融化的内涵和度量

（1）企业投资金融化的内涵。

随着实体企业投资金融化趋势日趋明显，实体经济空心化和虚拟化的问题不断涌现。学术界提出了"金融化"（financialization）这一概念——非金融化的金融化行为（张成思和张步昙，2015）。按照斯托克姆（Stockhammer，2004）、克里普纳（Krippner，2005）、奥尔汉加济（Orhangazi，2008）的定义，"经济金融化"主要表现为实业部门的金融类资产配置日趋活跃，即非金融企业进行资产配置时在金融投资领域投入更多，而在生产贸易领域则投入较少，以及提高金融利润在收益中的比例。由于实业部门金融化的主体是实体经济部门，因此，本书参考蔡明荣和任世驰

（2014）、王红建等（2016）、戴赜等（2018）的研究认为，企业投资金融化是指非金融企业在进行资产配置时，倾向于提高对金融资产的投入而降低对实体经济的投入。

"金融化"概念的提出至今已有半个世纪，其兴于20世纪六七十年代，并于90年代基本成型。早在20世纪60年代，垄断资本主义学派率先使用了"金融化"这一概念，提出资本主义经济结构将日趋金融化的趋势（Baran & Sweezy，1966）。而后，萨西内利（Sarcinelli，1988）将金融化视为资本在全球金融市场流动引发的泡沫膨胀现象。回顾国内，20世纪90年代，我国深圳特区一些企业的部分投资收益就来源于外汇市场、商品标准化合约和证券市场（张晋元，1993）。但是，以往的研究认为企业直接进行金融资产投资和利用金融资源进行实体投资都属于企业投资金融化，而没有将这两种行为严格区分开来。如将企业未清偿的银行债务、企业参与补偿贸易、融资租赁、土地质押贷款和卖"楼花"行为均视为企业投资金融化行为（翟连升，1992；张晋元，1993）。

国外研究中也有类似现象，如斯威齐（Sweezy，1997）认为将金融企业规模急剧扩大并与实体企业相互独立即为企业投资金融化。克里普纳（Krippner，2005）认为将非金融企业参与金融投资活动并从中获取了更多收益的现象即为企业投资金融化。21世纪以来，金融学说的发展可以归纳为三大类：一是金融部门的规模膨胀，主要指银行业、证券业和房地产业等金融部门在资产规模、利润收益和就业人数的占比逐渐上升的过程（Krippner，2005）。二是金融产品的衍生化，指的是大宗商品被投资者视为一种金融资产类别，表现为大宗商品的价格、交易规模和投资收益率呈现大幅波动，即大宗商品金融化。三是实业部门的金融化，这更倾向于本书的定义，即实体企业更倾向于将资产配置于金融投资活动，以及收益中金融利润占比的提高。

通过文献梳理，我们发现，以上研究并未严格区分企业"投资金融化"这一词汇。非金融企业利用金融资产进行实体经济投资并不属于企业投资金融化，而是正常的企业经营性行为。只要企业仍只是从事实体经济投资活动，不管企业是否会更多地利用金融资源，其经济都不会出现金融化的现象（戴赜等，2018）。时至今日，"金融化"的概念内涵、范畴扩展和研究对象日趋丰富，学说发展日新月异。但这也给研究者理解金融化带来了困惑，因此，以统一的词汇对企业金融进行度量和识别具有重要意义。基于此，本书将从资产占比、收益占比和资产负债相关性三方面阐述企业投资金融化的识别和度量方式。

（2）企业投资金融化的度量和识别。

依据戴赜等（2018）的研究，现有文献中关于企业投资金融化的度量方式主要包括：基于资产科目的度量方式；基于利润来源的度量方式；基于资产与负债相关性的度量方式等。具体如下：

一是基于资产科目的度量方式。该方法是直接计算披露的上市公司中流动资产投资等科目的总额。这种度量方式所选取的科目除了金融投资数据之外，可能还有部分非金融的生产线投资数据，其技术可操作性和数据可获得性较强。计算公式可以表示为：

$$企业金融化(资产) = \frac{企业金融投资}{总资产} \times 100\% \tag{2.4}$$

现有研究对该公式的应用存在差异，主要体现在对企业金融投资的度量上，具体如表 2.4 所示。

表 2.4　　　　基于资产科目对企业金融投资的度量方式

现有研究	企业金融投资的度量	计算方式
德米尔（2009）	流动资产（现金、银行存款、其他流动资产、支票）；短期投资（股票、国库券、政府债券、私营部门债券、回购、其他短期投资）	相对规模（占总资产比重）
刘珺等（2014）	交易类金融资产（交易型金融资产、买入返售金融资产、可供出售金融资产、持有到期投资、发放贷款及垫款）	相对规模（占总资产比重）
宋军和陆旸（2015）	交易类金融资产（交易型金融资产、衍生金融资产、短期投资净额、可供出售金融资产、持有至到期投资、长期债券投资净额）；其他流动性资产（其他流动性资产明细中的委托贷款、理财产品及信托产品投资余额）；投资性房地产余额；长期股权投资（金融机构股权）	相对规模（占总资产比重）

现有研究	企业金融投资的度量	计算方式
胡奕明等（2017）	金融资产（2002~2006年）（货币资金、短期投资、应收利息、长期债券投资）；金融资产（2007~2011年）（货币资金、金融衍生品、短期投资、交易性金融资产、应收利息、买入返售金融资产、可供出售金融资产、持有至到期投资、长期应收款）	绝对规模（取对数）；相对规模（占总资产比重）
杨松令等（2021）	金融资产（公允价值变动损益、持有至到期投资、可供出售金融资产、投资性房地产、其他流动资产中的金融类资产项目、衍生金融资产、长期金融股权投资）	相对规模（占总资产比重）

资料来源：根据戴赜等（2018）整理。

德米尔（Demir，2009）在度量企业投资金融化时，采用了现金、银行存款、其他流动资产、支票等科目作为企业投资金融化的测量指标。刘珺等（2014）则以2 448家中国上市非金融公司的为样本，根据2000~2012年公开披露的相关财务指数据进一步细化了企业投资金融化的测量指标，将交易型金融资产、持有至到期投资、买入返售金融资产、可供出售金融资产、发放贷款及垫款这五类科目的期末余额作为公司金融资产规模的估算指标。与此不同的是，宋军和陆旸（2015）以我国2007~2012年上市的非金融公司为研究对象，将相关财务数据纳入对金融投资的测量框架中，具体有如下几个指标：衍生金融资产、投资性房地产余额、短期投资和长期债券投资净额、长期股权投资（金融机构股权）以及其他流动资产，使得金融投资的测量范围更加全面。杨松令等（2021）则在现行财务报表的体系下，对传统财务报表科目中用于经营性活动的资产和配置于金融领域的资产进行了剥离，从资产构成的角度分析了实体企业参与金融活动的程度。具体表现为选取了公允价值变动损益、持有至到期投资、可供出售金融资产、投资性房地产、其他流动资产中的金融类资产项目、衍生金融资产、长期金融股权投资等指标对金融化进行度量。

通过对上述文献梳理可知，以上测量方式中可能既包含了非金融企业正常生产所需，也包含了其金融投资所需，并非都属于金融化行为。国内外对于金融资产的定义有广义和狭义之分，狭义的金融资产主要由可供出售的金融资产、交易型金融资产、持有到期投资、投资性房地产、应收股利与应收利息等构成。广义的金融资产则是在狭义金融资产的基础上增加货币资金和长期股权投资。

二是基于利润来源的度量方式。资产与利润均能反映企业投资活动的结构。然而，基于资本科目度量金融化的方式是企业实现收益前的投资结构，更多地反映了企业的主观金融投资意愿。与之相反的是，以利润来源为基础对金融化进行度量的方式是企业实现收益之后的投资结构，包含了市场价格和风险等外部因素。所以，当外部市场价格波动较小，且投资决策者为理性人时，以上两种度量方式具有一致性（戴赜等，2018），能较好地反映企业的主观意愿和投资决策。但是，如果外部市场价格波动较大，经济不确定性较强，或者投资决策者是非理性人时，外部宏观因素和市场因素就会对以利润来源为基础度量金融化的方式产生影响，无法有效反映企业真实的投资意愿。以利润来源为基础度量金融化的计算方法如下：

$$企业金融化（利润）= \frac{金融投资收益}{经营利润} \times 100\% \qquad (2.5)$$

度量企业投资金融化（利润）有广义和狭义之分，主要通过金融投资收益的度量口径进行区别。当金融投资收益包含非金融企业的投资收益、公允价值变动损益以及其他综合收益时为广义上的企业投资金融化。而当把合营企业和联营企业的投资收益以及其他综合收益从金融投资收益中扣除时则为狭义上的企业投资金融化。张成思和张步昙（2016）以 2006～2014 年我国 A 股上市公司非金融部门为研究对象，分别计算了广义口径和狭义口径下我国企业投资金融化水平。即用金融渠道获利与营业利润计算单个公司的金融化程度，计算方法如下：

$$单个公司的金融化程度 = \frac{金融渠道获利 - 营业利润}{|营业利润|} \qquad (2.6)$$

三是基于资产与负债相关性的度量方式。哈特瑞等（Hattori，2009）较早地运用两个指标之间的相关性变动来识别企业的金融化行为。20 世纪80年代，部分日本非金融企业通过基准测试发现，与银行的定期存款利率相比，债券市场的融资成本更低，因此许多企业通过发行债券和定期存款来进行套利。这一行为会弱化企业的固定资产投资和流动性比率之间的负相关性，甚至发生翻转变为正相关（Hattori et al.，2009）。于是，哈特瑞等（Hattori，2009）认为，企业的金融化行为可以通过观察企业固定资产投资和流动性比率之间的相关关系变动来识别。但是，这种识别方式并没有把非金融企业之间的再贷款行为考虑进去。

随后，茜恩和赵（Shin & Zhao，2013）拓展了哈特瑞等（2009）的研究思路，他们基于融资优序理论（Myers，1984）利用金融资产和金融负债的相关性来识别企业投资金融化行为。其中金融资产包含了现金持有、短期投资等，金融负债包含了短期借款和长期借款等。其原理是，当企业有投资需求，对投资项目进行融资时，会优先采用成本更低的内部融资，当内部融资无法满足时，其次才会进行外部的债务融资。即企业会首先减少金融资产，如现金及现金等价物等，而后购进长期的非金融资产。若还是无法满足企业的投资需求，企业才会寻求外部的资金支持，由此产生外部融资，企业的金融负债也随之增加。所以，企业的金融资产和金融负债会呈负相关关系。但是，当企业融入外部资金并从事金融投资时，金融负债在增加的同时也会带来金融资产的增加，我们可以看到此时金融资产和金融负债会呈现同向上升变动。因此，该结论认为企业投资金融化行为可以根据金融负债表与金融资产之间的相关性变动来判断。

但是，王永钦等（2015）则认为，只根据金融负债与金融资产之间的相关性变动来判断企业投资金融化行为可能还不足以确定企业是否作为贷款方参与了金融化活动。于是，王永钦等（2015）在识别中国非金融企业的影子活动时，将金融资产与金融负债之间的相关性变动关系（Shin & Zhao，2013）和企业流动性比率与固定资产投资之间的相关性变动关系（Hattori et al.，2009）同时纳入研究框架，发现影子金融化行为的确存在于我国非金融企业。

2.2.2 企业投资金融化的动因研究

根据经济增长理论，经济增长绩效取决于生产要素在生产性活动与非生产性活动之间的配置结构（Baumol，1990；Murphy et al.，1991）。因此，可以将与非生产性活动或合法的分配性活动相关的，与财富创造没有直接关系的经济活动及行业划分为虚拟经济，将与生产性活动相关的、与财富创造有直接关系的经济活动或行业划分为实体经济（朱鸿鸣和王兰馨，2017）。参考现有研究，通常情况下，可将虚拟经济具体化为金融服务业，主要包括银行业、证券业、保险业和房地产业（张晓朴和朱太辉，2014）；将实体经济具体化为其他类别的行业，特别是工业或制造业。企业投资金融化则是指企业投资在向实体经济和虚拟经济配置时，向虚拟经济过度配置的一种现象。企业投资金融化本质上是企业的一种投资行为。而事实上，投资行为问题是经济管理领域重点关注的基本问题之一。

早期，在新古典经济学理论影响下，学术界将企业投资问题视为最优资本存量的调整问题，并提出了投资加速器理论、现代厂商投资理论和 Q 理论等。这些理论的发展构成了新古典框架下，对企业投资分析的技术型路线。其共同特点是将企业投资问题视为技术问题，企业的投资偏好主要与技术偏好、资本成本、产出需求等相关。其研究的共同缺陷表现在忽视了企业内部治理结构等因素和外部市场因素，企业经营被视为标准的生产函数，将其投资决策过程当作"黑箱"处理。

根据新古典投资理论，当企业投资的边际成本等于边际价值时，企业投资效率最优。因此，企业应当投资于净现值为正的项目，直至边际成本等于边际价值。然而，现实中的企业投资行为与上述理论内容偏离较大。特别是关于企业非效率投资现象，新古典投资理论的解释有效性不足。此后，围绕企业的投资效率或者说是非效率投资行为问题，学术界开始将各种不完美的市场因素，引入企业投资问题研究中，并形成了基于信息不对称和委托代理的投资理论。更进一步，随着市场有效性和理性经济人假设的放松，以及行为金融学的兴起，研究者将行为金融学的相关知识，引入企业投资问题的研究，形成了基于行为金融学的投资理论。

总体上看，在关于企业投资决策研究的发展过程中，先后出现了投资加速器理论、现代厂商投资理论、Q理论、MM理论、权衡理论，以及从信息不对称视角、委托代理视角、行为金融学视角的研究。虽然近年来有部分研究者应用上述相关理论，对企业"脱实向虚"投资问题进行了研究，但更多的研究者主要是基于信息不对称视角、环境决定论、多元化战略视角以及高阶理论进行研究。考虑到研究的主导性问题，本书也主要是从上述四个角度对相关研究作详细评述，如表2.5所示。

表2.5　　　　　　　　　企业投资金融化动因研究观点

研究视角	主要观点	参考文献
信息不对称视角	信息不对称程度较高以及可抵押资产不足，是导致非正规金融在我国企业普遍存在的重要原因	林毅夫和孙希芳（2005）
	加剧了企业尤其是中小企业从银行等正规渠道融资的难度。迫于生存压力，中小企业只能借助于非正规金融。如此情况使得上市公司的资金优势被进一步放大，而中小企业被迫推向非正规金融	邱杨茜等（2012）
	使上市公司有动机从事金融业股权投资，通过设立子公司、联营及合营公司等针对中小企业贷款的方式来赚取利润	李思龙（2017）
环境决定论视角	在实体经济产业升级转型过程中，整个产业层面形成的周期性产能过剩和体制性产能过剩，导致企业盈利能力下降，导致企业迫于生存压力，通过进入虚拟经济的投资领域来弥补主业亏损	周长富等（2016）
	由于实体经济税负过重、没有创新和盈利性较好的生产性投资方向，企业部门的长期投资意愿减弱，活期存款沉积在账面上，未能有效转化为储蓄存款，即实体经济部门资金金融化	任羽菲（2017）
	从外部环境的诱因方面来看，有研究认为虚拟经济领域的利润较高是诱导企业投资金融化的主要动因	李鹏飞和孙建波（2017）
	从中国经济发展实际来看，内生增长动力不足，经济增长越来越依赖于信贷扩张，已呈现出信贷密集型增长特征，导致金融规模急速扩张，金融利润保持高位	特纳（2016）
	实体经济与虚拟经济报酬结构失衡，是实体经济收益率下降和虚拟经济回报率高综合作用的结果	朱鸿鸣和王兰馨（2017）

续表

研究视角	主要观点	参考文献
多元化战略视角	金融投资具有投资期限短、灵活强和回收速度快的特征。在企业资金充裕或缺乏净现值为正的投资项目时，出于资本的保值目的，企业将闲置资金投向金融领域，可提高资本收益和资金利用效率	西恩（1999）
	在企业利润普遍下降的过程中，金融资产持有比例的增加在一定程度上有利于缓冲主业带来的收入水平降低，也能为企业改善短期盈利创造条件，在市场意外陷入低迷时为企业实物投资下降提供缓冲余地	杰米尔（2009）
	企业投资金融化是企业进行多元化经营，促进企业绩效改善的一种经营模式。事实上，"以产业资本为主导，与金融资本有机结合"也是现代企业发展的重要模式	朱映惠和王玖令（2017）
	多元化投资是企业增加投资收益、分散经营风险的主要方式，有利于提升企业的资本运作能力	潘晓影和张长海（2016）
高阶梯队理论视角	对美国企业的调查研究发现，女性企业家更加追求长期稳定。因此，男性私营企业出资人较女性应该有更大的风险偏好，更容易选择投机性投资战略	班图和努奇（2000）
	有管理经历、担任人大代表和政协委员、低年龄、男性的私营企业出资人，倾向于选择投机性投资战略，企业新增投资倾向于从非房地产主业转向房地产业等虚拟经济领域	陈东（2015）
	民营企业家的体制内经历更容易导致企业"不务正业"，使得许多从事传统制造业和服务业的企业，将资金投入房地产、借贷和股市等虚拟经济领域	戴维奇等（2016）

（1）信息不对称视角的研究。根据信息不对称理论，企业如果存在信息对称的条件，那么企业依据净现值法则进行投资决策，而无须考虑融资成本问题（Myers，1977；Myers & Majluf，1984）。而在现实经济环境中，信息不对称的情况会对企业的融资成本产生影响。进而，企业的投资决策会受到不同融资方式融资成本的影响而发生变化（Cleary，2007；屈文洲等，2011）。

上市公司完善的信息披露制度和较好的资产抵押情况，使其能够获得较多的正规金融渠道的资金支持，而中小企业信息不对称使其经常面临融资难的问题。因此，信息不对称程度较高以及可抵押资产规模较小被认为是我国非正规金融活跃的重要原因（林毅夫和孙希芳，2015）。在经济新常态下，经济增速放缓，企业利润下降，进而导致企业偿债能力下降，进而导致企业尤其是中小企业更难从银行等正规渠道获得融资。为了企业的持续经营，中小企业只能依靠非正规金融获取资金支持。如此情况使得上市公司的资金优势被进一步放大，而中小企业被迫推向非正规金融（邱杨茜等，2012）。这也成为上市公司从事金融业股权投资，通过设立子公司、联营及合营公司等针对中小企业贷款的方式来赚取利润的动机（李思龙，2017），从而造成了部分企业的"脱实向虚"投资行为。

（2）基于环境决定论的研究。基于环境决定论的研究认为，外部环境的变动决定了企业所面临的生存压力和机会空间，进而影响企业投资领域的选择（Bourgeois，1980）。而中国作为一个转型经济国家，社会经济和政治制度等一般环境发生的变化，会给企业带来前所未有的机遇与威胁（Ahlstrom & Bruton，2006、2010）。尤其是近年来宏观经济步入新常态，金融监管政策的不断变革，使得市场空间中充满了促使企业投资"脱实向虚"的压力和诱因。

一方面，从企业面临的压力视角来看，在实体经济产业升级转型过程中，整个产业层面形成的周期性产能过剩和体制性产能过剩，导致企业盈利能力下降，企业迫于生存压力，通过进入虚拟经济的投资领域来弥补主业亏损（周长富等，2016）。也有研究认为，实体经济部门资金金融化的原因是由实体经济税负过重、生产性投资方向的创新性和盈利性不足，对于长期投资的意向减少，账面沉积的大量活期存款没有完成储蓄存款的有效转化造成的（任羽菲，2017）。另一方面，从外部环境的诱因方面来看，有研究认为虚拟经济领域的利润较高是诱导企业投资金融化的主要动因（李鹏飞和孙建波，2017）。从中国经济发展实际来看，经济增长过于依赖信贷扩张，缺乏内生增长动力，信贷密集型增长特征已逐渐浮现（Turner，2016），导致金融规模急速扩张，金融利润保持高位。同时，由于尚未建立房地产市场的健康发展长效机制，导致房产投资回报率较高。因此，实体经济收益率下降而虚拟经济回报率高诱发了企业投资金融化，同时也导致了实体经济与虚拟经济报酬结构失衡（朱鸿鸣和王兰馨，2017）。

（3）基于多元化战略视角的研究。不少学者认为在转型经济背景下，企业实施多元化战略有助于企业绩效改善（戴维奇等，2016），企业投资金融化是企业进行多元化经营，促进企业绩效改善的一种经营模式。事实上，"以产业资本为主导，与金融资本有机结合"也是现代企业发展的重要模式（朱映惠和王玖令，2017）。

一方面，以金融投资为代表的虚拟经济具有财富累积效应。金融投资期限短、灵活性强且资金回收速度快。在现有投资项目无法为企业带来正向的净现值流入或是资金充足的情况下，企业为了保存资本，将闲置资金进行金融投资，可有效提高资金利用率以及增加资本收益（Sean，1999）。

另一方面，虚拟经济以金融投资为代表，可产生投资缓冲效应。实际上，企业投资收益的增加以及经营风险的分散都主要通过多元化投资来实现（潘晓影和张长海，2016），同时多元化投资还有利于企业资本运作能力的提升。当企业利润呈现下降趋势时，增加金融资产持有量在一定程度上有助于缓解主营业务收入水平降低对企业造成的冲击，企业短期盈利的条件也会有所改善，当市场出现不可预见的低迷情况时，还可缓冲企业实物投资减少所造成的影响（Stulz，1996；Demir，2009）。

（4）基于高阶理论的研究。自汉姆布瑞克和曼森（Hambrick & Mason，1984）提出高阶理论以来，相关研究主要沿着三个方向进行：管理者背景对投资行为的影响、对投资作用的影响、对企业战略决策的影响（陈东，2015）。管理者背景的特征一般包括管理者的人口统计学特征以及教育经历、工作经历、社会身份等（Hambrick & Mason，1984；Eagly & Johnson，1990；Wiersema & Bantel，1992；Hambrick，1994；Simsek et al.，2005），对于管理者来说，不同的背景特征会导致其投资行为的不同。

班特尔和努奇（Bantel & Nucci，2000）对美国企业的调查研究发现，女性企业家更加追求长期稳定。因此，男性私营企业出资人较女性应该有更大的风险偏好，更容易选择投机性投资战略。陈东（2015）以 2012 年全国私营企业调查报告为基础研究发现，私营企业主的背景特征会影响企业的投资行为，有管理经历、担任人大代表和政协委员、低年龄、男性的私营企业出资人，倾向于选择投机性投资战略，企业新增投资倾向于从非房地产主业转向房地产业等虚拟经济领域。戴维奇等（2016）的研究发现，民营企业家的体制内经历更容易导致企业"不务正业"，使得许多从事传统制造业和服务业的企业，将资金投入房地产、借贷和股市等虚拟经济领域。

2.3　文献评述

综合国内外经济管理学界对家族企业控制权配置和企业投资金融化投资行为的相关研究文献，围绕关于本书提炼的"企业家的早年贫困经历究竟如何影响企业的控制权配置选择，进而影响企业的投资决策（固守实业还是金融化），其深层次的作用机理是什么？"这一科学问题的研究状况，可以发现在该主题的研究上，存在以下几个值得扩展研究的地方。

首先，中国家族企业控制权配置是一个复杂的变化和演进过程。考察家族企业控制权配置的经济后果（如金融化投资行为），就需要首先考虑控制权配置的内生决定机制。而纵观国内外理论文献，如前所述，尽管学者们已经关注家族企业，但是对中国家族企业的控制权配置偏好的成因仍缺乏足够的经验认识。许多研究并未能对家族企业控制权配置的差异性给出明确的理论解释和实证支持。在现有的代理理论和新制度主义主导的研究框架下，研究人员可能忽视了企业主自身的意志认知等个性化特征对企业控制权配置偏好的影响。因此，有必要对"从个体角度理解家族企业如何解决组织问题"进行重新审视，从而既有助于对家族企业控制权配置差异化的前置动因给出新的解释，也有助于阐释家族企业从"企业主是谁"

到"企业是谁"的内在逻辑。

其次，如前所述，家族企业控制权配置对企业投资决策的影响主要有两种观点：风险规避假说和长期投资承诺假说。那么，在转型的中国经济环境下，家族控制权所体现的风险规避假说和长期投资承诺假说，究竟如何影响家族企业的投资行为？或者还有其他影响效应的存在？如果多种影响效应存在，那么哪一种治理效应占据主导地位？现有研究没有给出合理的理论分析和经验证据。而本书将对上述问题进行解答。

最后，尽管已有文献针对企业家个人特征、控制权配置、投资行为三者进行了大量研究，但仍存在研究内容展开不够深入细致、研究结论存在较大争议等诸不足之处，尤其是现有研究文献主要是根据不同的理论，分别独立展开研究与分析。综合运用相关理论将三者纳入同一个研究框架之内对其进行系统、全面分析的研究不多，但这种综合研究恰恰是解构当前家族企业控制权配置合理性和投资决策科学性的重要方法，并可以以此为基础，还原在当前经济新常态背景下，家族企业控制权配置与投资决策行为的动态实践。

第3章
企业家贫困经历与家族控制权配置方式

本章着力回答有关"企业家的早年贫困经历究竟如何影响家族控制权配置方式"的问题。基于现有相关理论和研究成果,分析企业家早年贫困经历与家族控制权配置方式之间的关系,并利用中国上市家族企业的相关数据进行实证检验,从而为后续章节对本书其他子问题的分析和检验提供支持。

3.1 中国家族企业发展的基本概况

改革开放40多年来,民营家族企业经历了从无到有、从小到大、从弱到强的发展历程。经过40多年的快速发展,民营家族企业已经成为我国市场经济的重要组成部分,是推动中国经济高质量发展的重要动力,是社会就业和国家税收的重要保障。同时,民营家族企业也是中国企业家诞生和成长的重要平台,在40多年的发展历程中,民营家族企业培养了一大批不畏艰难、吃苦耐劳,敢于拼搏,坚韧不拔的企业家队伍,如宗庆后、刘永好、曹德旺等。这批企业家身上蕴含的企业家精神唤醒了中国经济的活力,刺激了中国社会的创造活力、创新精神和创业热情。

40多年来,民营企业的高速发展得益于中国政府的不断深化改革和对外开放。党的十九大报告指出中国改革开放发展进入了攻坚克难的关键时期,强调民营经济和企业家精神在中国未来经济发展中的重要作用,提出"要支持民营企业发展，激发各类市场主体活力"。在此背景下，探索民营家族企业的发展状况，有利于加深对于民营经济发展规律的理解，同时能够为民营企业高质量发展提供理论支持和参考。

基于此，我们对 2008～2020 年沪深上市家族企业进行了调查，最终获得 1 088 家企业，9 705 个观测值的数据。根据对中国上市民营家族企业的调查，从民营企业家的基本特征、民营家族企业的治理结构、民营家族企业的经营情况等方面对民营家族企业发展概况进行描述，以便于对中国民营家族企业的发展基本情况有一个初步了解和认知。

（1）民营企业家的基本情况。

从企业家的年龄特征来看，30 岁以下的企业家人数为 118 人，占比 1.2%；31～40 岁的企业家为 855 人，占比 8.8%；41～50 岁的企业家人数为 4 521 人，占比 46.6%；51～60 岁的企业家人数为 3 210 人，占比 33.1%；61 岁及以上的企业家人数为 1 001 人，占比为 10.3%。从整个年龄结构来看，超过 50 岁的企业家占比 43.4%，这反映出我国民营家族企业的企业家整体年龄偏大。具体参见表 3.1。

表 3.1　　　　　　　　　　企业家年龄分布

年份	30 岁及以下		31～40 岁		41～50 岁		51～60 岁		61 岁及以上	
	百分比（%）	人数（人）	百分比（%）	人数（人）	百分比（%）	人数（人）	百分比（%）	人数（人）	百分比（%）	人数（人）
2008	0.5	1	11.0	22	45.5	91	29.0	58	14.0	28
2009	0.4	1	11.7	33	50.9	143	27.0	76	10.0	28
2010	1.1	6	10.0	55	49.4	272	30.7	169	8.9	49
2011	1.4	9	11.2	72	51.3	330	27.4	176	8.7	56
2012	1.1	6	9.9	56	50.8	288	29.1	165	9.2	52
2013	1.5	9	9.4	58	49.4	305	31.9	197	7.9	49
2014	1.0	7	9.6	69	49.4	355	31.8	228	8.2	59
2015	1.4	11	9.6	76	46.8	369	31.6	249	10.6	84
2016	1.8	18	7.6	74	47.9	468	31.1	304	11.6	113

年份	30 岁及以下		31 ~ 40 岁		41 ~ 50 岁		51 ~ 60 岁		61 岁及以上	
	百分比（%）	人数（人）	百分比（%）	人数（人）	百分比（%）	人数（人）	百分比（%）	人数（人）	百分比（%）	人数（人）
2017	0.9	12	7.1	92	43.8	565	35.6	459	12.6	162
2018	1.1	11	8.9	87	45.2	440	36.0	351	8.7	85
2019	1.1	12	8.4	91	42.9	467	36.8	401	10.8	118
2020	1.5	15	6.9	70	42.5	428	37.4	377	11.7	118
全样本	1.2	118	8.8	855	46.6	4 521	33.1	3 210	10.3	1 001

注：表格中的比例为人数占当年样本总数的比值。

从企业家的性别特征来看，男性企业家的总人数为 8 817 人，占比 90.9%，这也符合实际情况。从我国整个社会的发展历程来看，在传统文化中，男性一直处于社会的主导地位。女性创业并成为企业家所面临的难度相对较大，而且在中国社会的传统家庭结构中，男主外、女主内的格局长期存在，这也就使得整个中国家族企业中，女性企业家的人数和比重相对较少。

从企业家的受教育情况来看，企业家自身的人力资本是企业竞争力的重要来源，而教育是提升企业家人力资本的重要方式之一。从数据情况来看，2008 年，样本企业家中接受高等教育的人数为 75 人，占当年企业家样本数的 37.5%，到 2020 年，接受高等教育人数为 427 人，占当年企业家样本数的 42.4%。这表明，随着时间的推移，企业家的受教育程度有了明显的提升，本科及以上学历人数比重总体呈现上升趋势，而且发展速度较快。

从企业家体制内工作经历来看，早期的工作经历在很大程度上会影响到企业家的认知倾向和价值观念，而我们国家的民营企业家有相当一部分曾经在体制内工作过，伴随着"下海潮"走入市场经济的"大海"中，开始创业，但早年体制内的工作经历依然会影响其认知偏好。从数据情况来看，2008 年，样本企业家中曾经有过体制内工作经历的企业家为 93 人，占当年样本企业家总数的 46.5%。到 2020 年，曾经有过体制内工作经历的企业家为 382 人，占当年样本企业家总数的 37.9%。这表明，随着时间的推移，没有过非体制内工作经历的企业家在逐渐增多。

从企业家的从军经历来看，参军对于个体实现向上流动具有十分重要的影响，农村青年中有参军经历者在获得城市户籍、进入城市福利体系方面具有非常明显的优势。除此之外，军队经历也在一定程度上影响着个体的行为认知。已有研究认为，个体进入部队或者军校一般是在青年时期，这一时期是心理成熟和价值观形成的重要阶段，部队或者军校中特定的教育和环境必然会持续影响其信念偏好和行为模式。从数据情况来看，2008 年，样本企业家中曾经有过从军经历的企业家人数为 37 人，占当年样本企业家总数的 18.5%。到 2020 年，曾经有过从军经历的企业家为 105 人，占当年样本企业家总数的 10.4%。这表明，随着时间的推移，没有过从军经历的企业家在逐渐增多。

从企业家政治关联情况来看，在转型经济条件下，政治关联是连接政府与企业的重要途径，也是企业应对外部制度性风险的重要手段。企业家通过政治关联可以与政府部门或官员建立相对良好的私人关系，这种私人关系有助于企业通过非正式途径获得财产安全保障，对于企业和个人发展均有好处。从数据情况来看，2008 年，样本企业家中具有政治关联的企业家人数为 41 人，占当年样本企业家总数的 20.5%。到 2020 年，具有政治关联的企业家为 166 人，占当年样本企业家总数的 16.5%。总体上来看，有相当一批企业家积极参与政府活动，与政府具有一定的联结关系。具体参见表 3.2。

（2）民营家族企业的治理结构情况。

我们主要从领导权结构、独立董事比例和机构持股比例等方面，对民营家族企业的治理结构情况进行了梳理，具体参见表 3.3。

表 3.2　　　　　　　　　　　企业家基本特征信息

年份	性别为男性		受教育情况		体制内工作经历		从军经历		政治关联情况	
	比例（％）	人数（人）	比例（％）	人数（人）	比例（％）	人数（人）	比例（％）	人数（人）	比例（％）	人数（人）
2008	91.5	183	37.5	75	46.5	93	18.5	37	20.5	41
2009	92.5	260	44.1	124	30.6	86	18.1	51	18.9	53
2010	90.7	500	41.7	230	25.2	139	19.2	106	24.0	132
2011	88.8	571	40.7	262	40.1	258	18.4	118	24.0	154
2012	88.4	501	41.1	233	42.9	243	18.7	106	24.7	140
2013	89.8	555	45.5	281	37.4	231	16.3	101	24.6	152
2014	92.6	665	43.0	309	41.9	301	16.9	121	24.0	172
2015	93.8	740	44.9	354	45.4	358	16.9	133	24.8	196
2016	90.2	881	45.3	443	40.7	398	16.8	164	21.7	212
2017	92.9	1198	42.1	543	45.3	584	14.4	186	21.2	273
2018	89.1	868	44.4	432	45.4	442	15.3	149	21.1	206
2019	89.6	976	46.1	502	44.7	487	13.7	149	19.8	216
2020	91.2	919	42.4	427	37.9	382	10.4	105	16.5	166
全样本	90.9	8 817	43.4	4 215	41.2	4 002	15.7	1 526	21.8	2 113

注：表格中的比例为人数占当年样本总数的比值。

表 3.3　　　　　　　　　　　企业治理结构状况

年份	两职合一		独立董事比例（均值）（％）	机构持股比例（均值）（％）
	比例（％）	企业数（家）		
2008	28.0	56	37.3	41.1
2009	37.0	104	36.7	36.2
2010	41.0	226	37.3	34.8
2011	42.1	271	37.1	34.4
2012	41.1	233	37.0	34.9
2013	36.4	225	37.0	34.5

年份	两职合一		独立董事比例（均值）（%）	机构持股比例（均值）（%）
	比例（%）	企业数（家）		
2014	38.7	278	36.9	33.5
2015	34.9	300	37.4	33.3
2016	42.3	413	37.0	32.7
2017	42.6	550	37.3	32.8
2018	43.8	427	37.5	33.6
2019	43.6	475	37.3	32.7
2020	49.6	500	37.6	33.5
全样本	41.8	4 058	37.3	33.7

注：表格中的比例为人数占当年样本总数的比值。

从领导权结构来看，董事长和总经理是否两职合一在很大程度上会影响到企业家对企业的掌控情况。从数据结果来看，2008 年，样本企业中采用两职合一的企业数为 56 家，占当年样本企业总数的 28%。到 2020 年，样本企业中采用两职合一的企业数为 500 家，占当年样本企业总数的 49.6%。总体上来看，在样本企业中，采取两职合一领导权结构的企业占比较高，这也反映出我国民营家族企业比较重视对企业领导权的掌控。

从独立董事比例情况来看，2008～2020 年，样本企业独立董事比例平均在 37% 左右，也就是说样本企业中独立董事的比例基本上都是在 1/3 左右，刚好满足证监会对上市公司独立董事最低比例的要求，这也表明民营家族企业在独立董事治理方面是在消极合规。

从机构持股比例来看，机构投资者能够对家族企业进行一定的制衡，从数据结果来看，2008 年，样本企业中机构投资者持股比例平均值为 41.1%。到 2020 年，样本企业中机构投资者持股比例平均值为 33.5%，这表明，随着时间的推移，民营家族企业中机构投资者的持股比例在下降。

（3）民营家族企业经营发展情况。

我们主要从企业资产规模、资产负债率、总资产收益率、现金流水平和销售收入增长率等方面对民营家族企业的经营发展情况进行了梳理，具体参见表3.4。

表3.4 企业财务层面数据

年份	资产规模	资产负债率（%）	总资产收益率（%）	现金流水平	销售收入增长率（%）
2008	20.982	42.378	6.011	0.077	10.341
2009	20.870	36.261	7.530	0.069	7.305
2010	21.041	29.839	6.889	0.068	8.279
2011	21.119	27.769	6.902	0.059	6.816
2012	21.196	29.413	6.237	0.054	10.135
2013	21.388	32.823	6.045	0.062	15.810
2014	21.503	34.538	6.306	0.064	14.178
2015	21.585	33.275	6.064	0.065	13.629
2016	21.678	32.539	6.569	0.065	12.620
2017	21.708	33.279	6.623	0.067	12.984
2018	21.785	34.063	6.611	0.061	15.672
2019	21.885	35.069	6.590	0.064	18.510
2020	21.881	32.719	7.383	0.074	9.748
全样本	21.560	42.378	6.011	0.064	10.341

注：表中数据取每年样本企业数据的平均值。

一是从企业资产状况来看，企业总资产情况能够在一定程度上反映出企业生产经营规模状况，从数据情况来看，2008年，样本企业的平均资产指数（总资产的自然对数）为20.982。到2020年，样本企业的平均资产指数为21.881。这表明，自全球金融危机以来，中国的民营家族企业依然在稳定持续发展，企业规模在逐渐扩大。具体见图3.1。

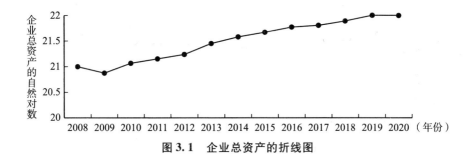

图 3.1　企业总资产的折线图

二是从企业资产负债率情况来看，该指标是总资产与总负债的比值，用于衡量企业利用债权人提供的资金开展业务的能力，还可以用来反映债权人为借贷提供的担保程度。从数据情况来看，2008 年，样本企业的平均资产负债率为 42.378%。到 2020 年，样本企业的平均资产负债率为32.719%。这表明，随着时间的推移，民营家族企业的资产负债率在下降，债权人对民营家族企业发放的贷款安全程度相对较高。具体见图 3.2。

图 3.2　企业资产负债率的折线图

三是从总资产收益率情况来看，这个指标主要用来反映企业的盈利能力，该指标是利润与资产总额的比值。从数据情况来看，2008 年，样本企业的总资产收益率平均值为 6.011%。到 2020 年，样本企业的总资产收益率平均值为 7.383%。总的来说，自 2008 年全球金融危机以后，中国民营家族企业的总资产收益率维持一个稳定发展的状态。具体见图 3.3。

图3.3 企业总资产收益率的折线图

四是从企业现金流水平来看，对于现代企业来说，建立完善的现金流量管理体系，实施可靠的现金流量管理制度，有助于企业提高市场竞争力，是企业存续的重要保证。而现金流水平是经营活动现金净流量与资产总额的比值，在很大程度上可以反映一个企业的现金流管理状况。从数据情况来看，2008年，样本企业的现金流水平均值为0.077。到2020年，样本企业的现金流水平均值为0.074。这表明，近十年来民营家族企业的现金流水平总体变化情况不大，保持稳定发展状态。具体见图3.4。

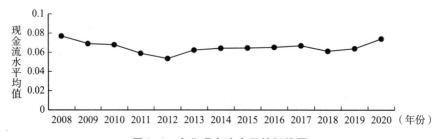

图3.4 企业现金流水平的折线图

五是从销售收入增长率来看，这个指标是衡量企业经营状况和市场占有能力、预测企业经营业务拓展趋势的重要指标，也是企业扩张增量资本和存量资本的重要前提，该指标越大，表明其增长速度越快，企业市场前景越好。从数据情况来看，2008年，样本企业销售收入增长率平均值为10.341%。到2020年，样本企业销售收入增长率平均值为9.748%。这表明，近十年来民营家族企业的销售收入增长率总体变化情况不大，保持稳定发展状态。具体见图3.5。

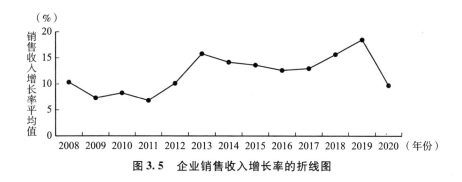

图3.5　企业销售收入增长率的折线图

3.2　企业家贫困经历与控制权配置关系分析

从已有研究来看，学术界对企业控制权配置问题的研究大致有两种倾向：一种是寄希望于通过对正式制度的理性设计，构建企业控制权配置的最佳模式。但此类研究面临的问题是：如果市场存在最佳的企业控制权配置方式，那么在优胜劣汰的竞争机制下，市场只剩下一种最优的企业控制权配置方式，但从企业发展实践来看，企业控制权配置方式并没有呈现出达尔文主义的单向性演进。在此背景下，部分研究者将目光转到关注企业控制权配置的动态过程，倾向于寻求企业控制权配置与其他治理主体之间实现良性互动的条件和因素（Kim & Ozdemir，2014）。而在这一过程中，研究者难以忽视的约束条件是企业的主导者。

对于家族企业而言，企业治理合约的选择，是企业在给定约束条件下追求经济利益最大化的结果，这其中最重要的约束条件之一就是作为企业主导者的企业家。因为，企业家通常是家族企业的创造者和主导者，有什么样的企业家，企业就会作出相应的治理合约选择，以实现交易费用最小化或利益最大化。因而，对于家族企业控制权配置而言，必须关注企业家本人的约束性。

那么，具体到家族企业的控制权配置方式与企业家本人的关系，则表现为企业家会根据自身意志偏好，选择和构建与自身意志偏好相适应的控制权配置方式，以保障其意志偏好能够落实在企业投资决策中。由此所引发的一个问题是：具有不同家庭生活经历的企业家究竟会如何选择家族控制权配置方式？而本章余下部分的内容则正是关于该问题的讨论与检验。

3.2.1 企业家的早年贫困经历与家族控制权配置方式

烙印效应的概念来自生物学，生物学家将鸟类行为会受到早期活动经历影响的现象称为"烙印"（Immelmann，1975）。当前烙印理论已成为组织行为研究的重要理论，其核心思想是：在组织或个体的发展过程中，会经历若干敏感时期，在这期间会形成与特定环境相匹配的特征（烙印），而这些特征具有长期稳定性，会持续影响组织或个体的后期行为（Marquis & Tilcsik，2013）。即使所处的环境在后期发生了变化，早期打下的烙印也可能会继续发挥作用（Simsek et al.，2015）。生活于不同社会环境的个体，会深切地受到该社会环境中所特有的文化理念和行为价值观的影响，进而形成其特有的精神特质和行为模式。

行为学研究领域的学者们发现，早期经历会对个体成年后的行为模式产生直接影响，个体思维模式和价值观的形成大多发生在童年时期，童年的经历，如衣食住行、安危冷暖影响着个人特征的发展（Locke，1974；Elder et al.，1991）。出身于不同社会阶层的个体，会深切地受到该阶层特有的文化理念和行为价值观的影响，进而形成其特有的精神特质和行为模式，包括影响到个体对财富和风险的态度。基于烙印理论的组织行为学研究认为，企业家在"环境"敏感期内为适应特定环境而养成的特征，会在后期持续对其认知以及行为产生影响（Christopher et al.，2013），企业家常常寻求在领导岗位上展现自己早期的经历（Jonas et al.，1989）。

　　高阶理论已经表明，个性心理会对团队领导行为产生影响使其具有较强的个性化色彩。事实上，个人生活模式和阅历的不同也由控制权配置差异所反映（Graham & Narasimhan，2015；Benmelech & Frydman，2015）。对于家族企业来说，其控制权配置事实上是企业主个人意志的体现。出身于不同社会阶层的企业主，其对于权力、风险和财富安全的态度存在差异，必然导致其对于如何控制权力、风险和财富安全的行为选择也存在差异，这一差异将直接导致其在企业控制权配置选择方面的不同。

　　社会分层的依据是社会资源。社会成员对社会资源占有状况的差异导致了社会不平等，从而产生社会阶层分化。依据社会层级理论，社会层级的客观性和主观性是紧密相连的（Liu et al.，2004）。不同社会阶层所占据的物质资源的差异性会进而影响其个体的主观认知，处于不同社会阶层的人有着不同的社会关系资本和文化价值观念（Bourdieu，1984；Kraus et al.，2013；Markus & Fiske，2012）。生长于富裕家庭的个体通常处于社会的高阶层群体，享有丰富的物质资源，其经济安全性或者说心理安全性较高（William，2012）。更进一步说，处于高等级社会阶层的个体更加的乐观、自信和具有安全感，对权力、风险和财富安全的敏感性较低。相反，生长于贫困家庭的个体通常处于社会底层，由于其所享有的物质资源的匮乏，导致其心理安全性缺乏，对权力、风险和财富敏感性较高（Kishgephart & Campbell，2015）。

　　同时，生活丁不同社会环境中的个体，会深切地受到该社会环境中所特有的文化理念和行为价值观的影响，进而形成其特有的思想认知偏好。任何一个社会环境中，不同群体之间在社会身份和物质资源占有情况方面是不一样的，这使得成长于富裕家庭的企业家与成长于贫困家庭的企业家相比，在权力、财富和风险等方面的认知偏好上存在明显不同，进而会影响其控制权偏好。

　　在一个复杂的社会体系中，社会资源在不同群体之间的差异化分配，使得不同群体对社会资源的占有状况不同。这种差异化的资源分配深刻地影响了个体价值观念和认知偏好（Chen & Selden，1994；Kraus，Tan &

Tannenbaum，2013；Markus & Fiske，2012），形成了富裕群体和贫困群体不同的典型性格。成长于富裕家庭的个体在经济、教育、社会福利等方面处于优势地位，社会资源分配向其倾斜，这会使其拥有相对宽松的物质资源保障，使其心理安全性较高（William，2012）。成长于贫困家庭的个体在经济、教育、社会福利等方面均处于弱势地位，所感受到的物质资源约束及其相对较低的社会地位，会使其心理安全性较低（Gallo et al.，2005；Kraus et al.，2011）。较低的心理安全性会使其威胁敏感性较强，自我控制感较弱。这种较高的威胁敏感性和较弱的自我控制感，使其对自身拥有的资源的流失更加敏感，更加注重对自身资源的保护和控制（Graham et al.，2015）。同时，心理学研究发现，任何形式的资源稀缺，都会改变个体对该稀缺资源的敏感性，长期的资源约束会形成对稀缺资源的注意力"稀缺心态"，从而影响其认知偏好（徐富明等，2017）。个体面临的物质资源匮乏会使其产生对财富、权力过分关注的"稀缺心态"（马永强和邱煜，2019），更加珍惜所拥有的物质资源。

这种成长过程中对风险的敏感性和对财富权力的"稀缺心态"会持久地潜藏于个体的潜意识中，使其极其害怕失去已获得的财富地位（徐富明等，2017）。除了物质条件外，个人往往被与自己相似的社会圈层的其他人包围，个人会潜移默化地受周围生活环境的影响而发展出一种"习惯"（马永强和邱煜，2019）。成长于贫困家庭的企业家在早年经历了物质资源的约束以及生活圈层的文化熏陶之后，对风险更加敏感（Benmelech & Frydman，2015）更容易产生对财富、权力的"稀缺心态"。强化对财富的保护性控制，与其早年成长过程中形成的对财富权力的"稀缺心态"是相契合的。

同时，家族企业是家族和企业两种组织的融合体，强调企业财富和权力掌控在家族手中，看重家长制权威（李新春等，2018），"以家为本"的家族主义文化传统为家族企业的产生提供了深厚的文化资源。新中国成立以来，随着社会现代化进程发展，富裕群体所接受到的现代化教育相对较多，家族主义文化传统在这一群体中消解程度相对较高。在相对贫困的人群中，传统的家族主义文化理念保留较多，人们高度重视家庭关系，具有浓厚的家族观念传统。文化传统具有"先验"特征，能够潜移默化地影响个体的思想认知，包括成长于此环境中的企业家的思想认知（郑家喜和蔡根女，2004）。相对于成长于富裕家庭的企业家而言，成长于贫困家庭的企业家受到家族主义传统文化熏陶的程度更高，一定程度上也会促使其发展出一种与家族主义文化传统相契合的"性格"，如更强调家长制权威以及对财富、权力的保护型的家族化掌控。

综上所述，对于具有贫困生活经历的企业家来说，通过强化对企业的家族化控制，为财富安全提供保护，与其早年成长过程中形成的风险规避心理、对财富权力的"稀缺心态"以及传统的家族文化观念相契合。基于上述分析，提出如下研究假设：

H1－1：早年具有贫困生活经历的企业家更有可能采取财富保护型控制权配置方式。

3.2.2　学习、工作和参军经历的影响

烙印理论指出，行为主体在其成长路径中会出现从一个阶段过渡到另一阶段的多个环境敏感期，后期环境敏感期打下的烙印会不断覆盖之前的烙印，进而呈现出动态变化的特点（Kraus et al.，2013）。学习和工作经历对个体人生通常具有特殊影响，扮演着人生转折点的角色，影响其形成新的思想认知。那么，学习和工作经历是否会覆盖之前的农村成长经历所形成的认知烙印，进而使得烙印效应呈现动态变化的特点，就是需要进一步思考的问题。

（1）接受高等教育经历的影响。

高等教育是实现个人向上流动的最好通道，一定程度上能够使个体跨越社会身份间的障碍（刘宏伟和刘元芳，2013）。首先，若寒门学子毕业后选择留在城市就业，其因户籍由农村户口转变为城市户口而成为城市居民，从而进入城市公共福利体系中。其次，高等教育经历有助于个体获得

较高的社会资本收益，建立起较高层次的社会关系网络，参与更多社会组织活动，获得社会支持（刘娜和向冠春，2010）。而这些通过接受高等教育所获取的物质资源将在一定程度上影响个体的主观认知和信念偏好。

现有研究普遍认为教育背景能够反映个体的知识技能基础和思维层次（Wiersema et al.，1992）。因此，在组织研究领域，大量研究采用教育背景来反映企业管理者的认知能力、对复杂情况的驾驭应对能力以及对新事物的探索精神（陈传明和孙俊华，2008）。这也就意味着接受过高等教育的管理者具备较强的适应能力和应对复杂问题的能力，从而催生了他们倾向于进行高风险决策行为的动机（Hambrick et al.，1996；吴成颂等，2014）。

维尔塞马和班特尔（Wiersema & Bantel，1992）通过调查研究发现，相对于低学历的管理者，高学历管理者更倾向于进行战略变革和创新这样高风险的战略决策。沃利和鲍姆（Wally & Baum，1994）研究表明，具有高学历的公司 CEO 比学历程度低的公司 CEO 接受变革的能力更强。陈传明和孙俊华（2008）的研究发现，面对多元化战略所蕴含的不确定风险，学历较高的管理者所在企业的多元化水平更高。余明桂和李文贵（2013）以沪深 A 股上市公司为样本，实证研究发现高学历管理者所在企业的风险承担水平更高。上述经验证据表明，拥有高学历教育背景的企业决策者更能够接受改变和承受风险，而这一个体特质最终将反馈到企业的决策行为上。

同时，如前所述，接受高等教育的经历也在一定程度上有助于提升个人的社会资本。胡荣（2003）研究发现，相对于学历层次较低的管理者，高学历管理者的社交范围更广，社交层次更高，其可以获得的社会资源和支持也更多。陈传明和孙俊华（2008）也认为高学历管理者的社会网络资源更有优势。而企业的创新投资行为的实现本身就需要大量社会资源的支持（邹立凯等，2019）。因此，这种社会资源的丰富性在一定程度上也影响了企业决策者的自信和风险偏好。资源越丰富，企业决策者应对风险的能力越强，对决策后果越乐观（陈东，2015）。

综合上述分析，接受高等教育经历有助于在一定程度上缓解农村成长经历给企业家带来的风险敏感性，提升其心理安全性，进而缓解其家族控制权偏好。基于此，本书提出如下研究假设：

H1-2：接受高等教育经历会削弱企业家贫困生活经历对财富保护型控制权配置方式偏好的正向影响。

（2）工作经历的影响。

从个体成长发展历程来看，工作经历对个体成长发展具有非常重要的影响，会对个体产生长久的职业"烙印"效应（Mcevily et al.，2012）。在经济体制转型背景下，就业单位以体制划分是一种具有中国特色的工作组织形式（Han et al.，2014）。体制内工作经历很大程度上是社会分层的重要体现，能够影响个体形成新的认知偏好。从我国家族企业发展实际来看，有相当一部分企业家曾经在体制内单位工作，这种工作经历烙印一定程度上会覆盖其早期农村成长经历所形成的烙印，进而影响其家族控制权偏好，具体如下：

首先，对于出身于贫困家庭的个体来说，进入拥有"铁饭碗"工作的体制内单位，相当于实现了"鲤鱼跃龙门"，在社会身份上就实现了由农民到市民的转变，其经济收入和社会福利保障等物质条件会得到改善（韩亦和郑恩营，2018）。体制内工作的失业风险很小，具有较高的职业安全保障，且社会中普遍存在着对体制内单位较高的认可度，这会使得在体制内单位工作的个体具有较高的职业身份认同。对于出身于贫困家庭的个体来讲，这在很大程度上会提升其心理安全感和满足感，进而缓解其早年成长经历所形成的心理上对财富、权力的风险敏感性。

其次，个体进入体制内的相关单位工作后，会接受一系列的职业教育，这些教育包含大量的现代管理文化理念。体制内一般会建立成体系的工作协调机制、监督机构及约束机制、相对完备的决策程序与规范。这种现代管理文化理念的熏陶和程序化工作氛围，会在一定程度上消解个体所承受的家族主义文化传统理念的影响，进而弱化其家族控制权偏好。

最后，个体可以凭借体制内单位平台构建起广泛的社会关系网络，获得一定的社会资本收益（Li et al.，2018）。社会资源越丰富，个体应对风险的能力越强，其心理安全程度更高（余明桂等，2013），进而有助于缓解其贫困生活经历所形成的风险敏感性。此外，在市场转型过程中，体制内单位通常具有一定的资源配置权力，有助于其建立一定程度的政治关联，为企业财产安全发挥政治保障作用（曾萍等，2016）。

综上所述，体制内工作经历能够缓解企业家贫困生活经历所形成的心理上对财富、权力的风险敏感性，进而削弱其对家族控制权偏好的影响。基于此，本书提出如下假设：

H1－3：体制内工作经历会削弱企业家贫困生活经历对财富保护型控制权配置方式偏好的正向影响。

（3）从军经历的影响。

参军对于个体实现向上流动具有十分重要的影响，农村贫困青年中有参军经历者在获得城市户籍、进入城市福利体系方面具有非常明显的优势（吴炜，2019）。除此之外，军队经历也在一定程度上影响着个体的行为认知。已有研究认为，个体进入部队或者军校一般是在青年时期，这一时期是心理成熟和价值观形成的重要阶段，军队中特定的教育和环境必然会持续影响其信念偏好和行为模式（晏艳阳和赵民伟，2016）。

现有研究认为有从军经历的高管具有较高的风险偏好。其理由是：军队服役是一种高强度、富有挑战性和风险性的经历，有过从军经历的个体通常有着更高程度的心理强度，更相信自己能够适应高压力和高风险环境（Wansink et al.，2008）。同时，从军过程中的军事训练和作战经历有助于塑造个体的冒险精神和自信程度（Elder et al.，1991）。雷蒙恩等（Lemmon et al.，2008）的研究表明，军队经历使高管过度自信，具有较强进攻性及对风险的偏好。马尔门迪耶等（Malmendier et al.，2011）研究发现，参军管理者在融资决策方面具有较低的风险敏感性，企业财务杠杆水平显著高于其他企业。晏艳阳和赵民伟（2016）的研究则验证了具有参军经历的管理者在做财务决策时具有较高的风险偏好。赖黎等（2016）发现，具有从军经历的中国上市公司高管融资风险更高。权小锋等（2019）的研究也证实，高管从军经历具有正面的创新效应。

综合上述分析，具有参军经历的企业主会有较高的风险偏好和更加的自信，而具有这种特质的企业主会放大主观能动性的作用，会对风险性行为有更高的接受度。基于此，本书提出如下研究假设：

H1－4：从军经历会削弱企业家贫困生活经历对财富保护型控制权配置方式偏好的正向影响。

3.2.3　企业家政治关联的影响

在转型经济条件下，政治关联是连接政府与企业的重要途径，也是企业应对外部制度性风险的重要手段（陈德球等，2016）。对于民营家族企业来说，通过政治关联可以获得非正式的财产安全保护，进而有助于缓解其家族控制权水平，原因在于：一是在社会体制转型过程中，企业家通过政治关联可以与政府部门或官员建立相对良好的私人关系，这种私人关系有助于企业通过非正式途径获得财产安全保障（Pearce，1996）。同时，企业家的政治关联一定程度上能够使其具有监督政府的作用。企业家担任人大代表或政协委员，可以凭借法律赋予的民主监督和政治协商权力，对政府官员产生一定的制约力，进而降低其被非法侵害的可能性（胡旭阳，2010）。罗喜英和刘伟（2019）的研究证实，政治关联能够对企业财产安全发挥非正式的保护作用。

二是企业可以凭借政治关联影响媒体报道倾向（You et al.，2018）。从当前媒体发展情况来看，国有控股的媒体机构相对较多，占据主导地位。同时，官方媒体报道的社会关注度和权威性更高。具有政治关联的企业可以凭借其社会关系网络优势，比较便利地与媒体机构尤其是官方媒体机构进行接触（易志高等，2018），通过非正式途径影响媒体报道行为，如调整媒体曝光率或报道倾向等。

总之，企业家的政治关联一方面有助于为企业财产安全提供非正式的庇护作用；另一方面也有助于其影响媒体报道行为，缓解其所面临的社会公众关注压力。上述两方面的作用都有助于缓解身份认同不足的企业所面临的政治成本，进而缓解其家族控制权水平。基于上述分析，本书提出如下研究假设：

H1-5：企业家贫困生活经历对财富保护型控制权配置方式的正向影响在缺乏政治关联的企业家群体中更显著。

3.3 研究设计

3.3.1 数据来源与样本选择

考虑到自 2007 年我国开始施行新的会计准则，本章以 2008～2020 年沪深上市家族企业作为初始样本。参考维拉隆加和阿密特（Villalonga & Amit，2009）、刘白璐和吕长江（2016）已有研究，本书定义家族企业如下：（1）上市公司最终控制人为家族自然人或家族，并且直接或间接是上市公司第一大股东；（2）最终控制人对上市公司具有实质控制权，即直接或间接持有至少 10% 的上市公司投票权；（3）至少有一名家族成员在企业高管层任职。初始样本经过以下程序删选：（1）剔除了公共事业类、金融类企业；（2）剔除了 ST、*ST 的企业；（3）剔除了相关指标数据严重缺失的样本；（4）为规避异常值可能带来的影响，对所有连续变量进行了上下 1% 的 winsorize 处理。最终获得 1 088 家企业 9 705 个观测值。本章数据主要来源于手工整理数据和相关数据库数据，其中，相关财务数据来自于 CSMAR、CNRDS 数据库；企业家信息数据主要通过年报、公司官网、百度搜索等方式获取；宏观经济数据来源于历年各省《国民经济和社会发展统计公报》。在数据收集整理过程中，为了保证数据的准确性和一致性，本章对从不同途径所获取的数据进行了对比分析。

3.3.2　变量界定

（1）被解释变量。

家族控制权配置方式（Family Control Allocation Mode，FCAM）。根据前面分析，参考肯姆和奥德米尔（Kim & Ozdemir，2014）的研究，主要从家族对企业的所有权、决策控制权和管理权三个方面对家族控制权配置方式进行度量，具体如下：

所有权（*Equity*）：主要考察家族持股比例是否超过样本均值，超过样本均值的赋值为 1，否则为 0。

决策控制权（*Decision*）：董事会中的家族成员比例是否超过样本均值，超过样本均值的赋值为 1，否则为 0。

管理权（*Manage*）：CEO 由本人或家族成员担任则赋值为 1，否则为 0。

在上述基本测量的基础上构建家族控制权配置方式的综合指标：首先采用主成分分析法将上述三个指标提取一个公因子；其次，将公因子得分采用中位数作为区分，中位数之上赋值为 1，表示家族对企业具有高度的控制权偏好，将其视为财富保护型控制权配置方式；中位数以下的赋值为 0，表示家族引入更多的非家族力量进入企业中，借助外力共同创造财富，因此将其视为财富创造型控制权配置方式。

（2）解释变量。

企业家贫困生活经历（Entrepreneur Poverty Experience，EPE）。本书中的企业家主要是指企业的创始人或实际控制人（自然人）。参考许年行和李哲（2016）、马永强等（2019）的研究，将出生于贫困地区或贫困家庭的企业家界定为有贫困生活经历的企业家。在已有文献基础，贫困地区的判定以国务院扶贫办披露的 1994 年、2001 年、2012 年国家扶贫工作重点县名单和 2012 年集中连片特殊困难地区分县名单为标准。为尽可能地补全企业家的出生地信息，本章在 CSMAR 数据库的基础上，通过百度搜索引擎、企业官网、新浪人物等网站，手工检索企业家的出生地信息。若企业家出生于国家贫困县，则定义该企业家具有贫困生活经历。同时，通过网络查阅关于企业家的媒体报道，如果企业家在报道中自述出身贫困家庭，则定义该企业家具有贫困生活经历。具有上述两种贫困生活经历的企业家，本书将 EPE 取值为 1，否则为 0。

（3）调节变量。

受高等教育经历（Edu），以企业家受教育程度为测量标准，具有大专以上学历的赋值为 1，否则为 0。

体制内工作经历（System）。参照戴维奇等（2016）的研究，创业前有过在党政机关以及在国有企业、集体企业工作经历，赋值为 1，否则为 0。

参军经历（Army），企业家若有过从军经历赋值为 1，否则为 0。在甄别企业家是否具有从军经历的时候，主要使用国泰安（CSMAR）公司治理数据库中高管简历一栏获取。以"参军""服役""入伍""转业""退伍""海军""连长""陆军""排长""空军""团长""司令部""解放军""战士""师长""参谋""军区"等关键词进行筛选，并对仅仅是名字中带有类似"海军""陆军"等字眼的进行甄别并删除，对于其中部分不完整的数据，通过搜索百度百科和新浪财经进行补充。

政治关联（PC_dum）：企业家是否为人大代表或政协委员，是为 1，否为 0。

（4）控制变量。

参考现有相关文献，本章控制变量包括：企业规模（Size）、资产负债率（Lev）、盈利能力（Roa）、现金流水平（Cfa）、销售收入增长率（Growth）、领导权结构（Duality）、独立董事比例（Inde）、企业家年龄（Cage）、企业家性别（Gender）、企业家政治关联情况（Pc_dum）、机构持股比例（Share）、企业年龄（Fage）、地区经济状况（GDP），此外还控制了行业和年份效应，具体变量定义见表 3.5。

表 3.5　　　　　　　　　　　　　变量定义

变量	含义	内容
EPE	企业家贫困生活经历	企业家具有贫困生活经历取值为 1，否则为 0
FCAM	家族控制权配置	从家族对企业的所有权、决策控制权和管理权三个方面度量
Edu	高等教育	企业家若受过高等教育即本科及以上学历，则 Edu 取 1，否则取 0
System	体制内工作经历	企业家曾经在政府或国有企业工作过则取值为 1，否则为 0
Army	从军经历	企业家若有过从军经历赋值为 1，否则为 0
Size	企业规模	企业总资产的自然对数
Lev	资产负债率	总负债/总资产
Roa	盈利能力	净利润/资产总额平均值
Cfa	现金流水平	经营活动现金净流量/资产总额
Growth	销售收入增长率	(本年销售收入 – 上年销售收入)/上年销售收入
Duality	领导权结构	董事长和总经理两职合一取 1，否则为 0
Inde	独立董事比例	独立董事人数/董事会总人数
Cage	企业家年龄	调查年份减去企业家出生年份取自然对数
Gender	企业家性别	企业家性别为男性取 1，女性取 0
Pc_dum	政治关联	企业家是人大代表或政协委员取值为 1，否则为 0
Share	机构持股比例	机构投资者持股实际比例
Fage	企业年龄	调查年份减去企业成立年份
Gdp	地区经济状况	所在地区人均 GDP 的自然对数
Ind	行业	所在行业哑变量
Year	年份	年份

3.3.3　模型构建

根据上面理论分析，构建如下 4 个回归模型对研究假设进行检验：

模型 3.1：

$$FCAM = \beta_0 + \beta_1 Dumpoor + \beta_2 Size + \beta_3 Lev + \beta_4 Roa + \beta_5 Cfa + \beta_6 Growth$$
$$+ \beta_7 Duality + \beta_8 Inde + \beta_9 Cage + \beta_{10} Gender + \beta_{11} Pc\_dum$$
$$+ \beta_{12} Share + \beta_{13} Fage + \beta_{14} Gdp + Ind + Year + \varepsilon$$

模型 3.2：

$$FCAM = \beta_0 + \beta_1 Dumpoor + \beta_2 Edu + \beta_3 Dumpoor \times Edu + \beta_4 Size + \beta_5 Lev$$
$$+ \beta_6 Roa + \beta_7 Cfa + \beta_8 Growth + \beta_9 Duality + \beta_{10} Inde + \beta_{11} Cage$$
$$+ \beta_{12} Gender + \beta_{13} Pc\_dum + \beta_{14} Share + \beta_{15} Fage + \beta_{16} Gdp + Ind$$
$$+ Year + \varepsilon$$

模型3.3：

$$FCAM = \beta_0 + \beta_1 Dumpoor + \beta_2 System + \beta_3 Dumpoor \times System + \beta_4 Size + \beta_5 Lev$$
$$+ \beta_6 Roa + \beta_7 Cfa + \beta_8 Growth + \beta_9 Duality + \beta_{10} Inde + \beta_{11} Cage$$
$$+ \beta_{12} Gender + \beta_{13} Pc\_dum + \beta_{14} Share + \beta_{15} Fage + \beta_{16} Gdp + Ind$$
$$+ Year + \varepsilon$$

模型3.4：

$$FCAM = \beta_0 + \beta_1 Dumpoor + \beta_2 Army + \beta_3 Dumpoor \times Army + \beta_4 Size + \beta_5 Lev$$
$$+ \beta_6 Roa + \beta_7 Cfa + \beta_8 Growth + \beta_9 Duality + \beta_{10} Inde + \beta_{11} Cage$$
$$+ \beta_{12} Gender + \beta_{13} Pc\_dum + \beta_{14} Share + \beta_{15} Fage + \beta_{16} Gdp + Ind$$
$$+ Year + \varepsilon$$

3.4　实证结果与分析

3.4.1　描述性统计

表3.6列示了主要变量的描述性统计结果。家族控制权配置方式（*FCAM*）的均值是0.583，标准差为0.493，表明样本企业中有58.3%的企业选择了财富保护型控制权配置方式，同时也说明不同企业在家族控制权配置方式方面存在一定差异。企业家贫困生活经历的均值为0.293，标准差为0.417，表明样本企业中有29.3%的企业家具有贫困生活经历，不同企业家在早年贫困生活经历方面存在显著差异。高等教育经历的均值为0.434，标

准差为 0.496，表明样本中 43.4% 的企业家具有高等教育经历；体制内工作经历的均值为 0.412，标准差为 0.492，说明样本中 41.2% 的企业家具有体制内工作经历；参军经历的平均值为 0.157，标准差为 0.364，表明样本中 15.7% 的企业家具有参军经历。其他变量的描述性统计情况见表 3.6。

表 3.6 描述性统计

变量	Mean	Sd	Min	P_{25}	P_{50}	P_{75}	Max
FCAM	0.583	0.493	0.000	0.000	1.000	1.000	1.000
EPE	0.293	0.417	0.000	0.000	0.000	1.000	1.000
Edu	0.434	0.496	0.000	0.000	0.000	1.000	1.000
System	0.412	0.492	0.000	0.000	0.000	1.000	1.000
Army	0.157	0.364	0.000	0.000	0.000	0.000	1.000
Financy	0.071	0.178	0.000	0.000	0.005	0.040	0.497
Constraint	3.686	0.356	1.130	3.508	3.678	3.847	6.208
Size	21.560	1.012	19.610	20.820	21.430	22.160	24.600
Lev	0.329	0.178	0.037	0.184	0.309	0.458	0.987
Roa	0.065	0.043	0.003	0.035	0.059	0.087	0.786
Cfa	0.064	0.045	0.002	0.031	0.056	0.089	0.518
Growth	0.127	0.188	0.000	0.000	0.047	0.163	0.859
Duality	0.418	0.493	0.000	0.000	0.000	1.000	1.000
Inde	0.373	0.047	0.333	0.333	0.333	0.429	0.500
Cage	3.897	0.162	3.401	3.807	3.892	4.007	4.262
Gender	0.909	0.288	0.000	1.000	1.000	1.000	1.000
Pc_dum	0.218	0.413	0.000	0.000	0.000	0.000	1.000
Share	0.337	0.242	0.000	0.119	0.300	0.550	0.782
Fage	2.620	0.441	1.099	2.398	2.708	2.944	3.367
Gdp	9.891	0.780	7.960	9.472	10.080	10.470	11.200

表 3.7 是主要变量的相关系数情况，从数据结果来看，企业家贫困生活经历（*EPE*）与家族企业控制权配置方式（*FCAM*）显著正相关，表明具有贫困生活经历的企业家会倾向于选择财富保护型控制权配置方式，这初步验证了本章的研究假设 H1-1，后续还需利用一系列多元回归分析进一步检验。

表 3.7

Pearson 相关系数

变量	FCAM	EPE	Edu	System	Army	Size	Lev	Roa
FCAM	1.000							
EPE	0.023**	1.000						
Edu	0.027***	-0.138***	1.000					
System	-0.011	-0.014	-0.010	1.000				
Army	-0.055***	0.116***	0.011	0.030***	1.000			
Size	-0.215***	-0.069***	-0.018*	-0.009	0.026***	1.000		
Lev	-0.207***	-0.038***	0.012	0.045***	0.035***	0.386***	1.000	
Roa	0.121***	-0.008	0.000	0.049***	-0.059***	-0.128***	-0.337***	1.000
Cfa	-0.012	0.039***	-0.033***	0.055***	-0.020**	-0.043***	-0.099***	0.324***
Growth	0.020**	-0.045***	0.054***	0.030***	-0.005	0.148***	0.085***	-0.044***
Duality	0.278***	-0.108***	0.050***	0.005	-0.029***	-0.131***	-0.102***	0.075***
Inde	0.039***	-0.034***	0.004	0.000	-0.010	0.015	0.004	0.002
Cage	-0.003	0.358***	-0.137***	0.028***	0.114***	-0.033***	-0.051***	0.022**
Gender	0.010	0.020**	0.080***	0.037***	0.058***	0.065***	0.058***	-0.026**
Pc_dum	-0.022**	0.090***	-0.003	0.005	0.108***	0.096***	0.043***	-0.060***

续表

变量	FCAM	EPE	Edu	System	Army	Size	Lev	Roa
Share	-0.366 ***	0.017 *	0.028 ***	0.078 ***	0.003	0.227 ***	0.154 ***	0.030 ***
Fage	-0.081 ***	-0.029 ***	0.037 ***	0.199 ***	0.032 ***	0.229 ***	0.159 ***	-0.047 ***
Gdp	-0.038 ***	0.002	-0.050 ***	-0.160 ***	-0.014	0.068 ***	0.068 ***	0.017

变量	Cfa	Growth	Duality	Inde	Cage	Gender	Pc_dum	Share	Fage	Gdp
Cfa	1.000									
Growth	-0.086 ***	1.000								
Duality	-0.004	-0.031 ***	1.000							
Inde	0.001	0.008	0.020 **	1.000						
Cage	0.071 ***	-0.049 ***	-0.130 ***	-0.015	1.000					
Gender	-0.010	-0.012	-0.027 ***	-0.001	0.079 ***	1.000				
Pc_dum	-0.012	0.009	-0.045 ***	-0.011	0.109 ***	0.035 ***	1.000			
Share	0.081 ***	-0.015	-0.069 ***	-0.010	0.072 ***	0.020 *	0.032 ***	1.000		
Fage	0.046 ***	0.127 ***	-0.054 ***	-0.010	0.122 ***	0.032 ***	0.020 *	0.047 ***	1.000	
Gdp	0.048 ***	-0.156 ***	0.009	-0.021 **	0.040 ***	0.004	-0.018 *	0.053 ***	-0.053 ***	1.000

注：* 表示 $p < 0.05$，** 表示 $p < 0.01$，*** 表示 $p < 0.001$。

表 3.8 报告了主要变量的单变量检验结果。两样本的均值和中位数差异检验分别基于参数 *T* 检验和 *Wilcoxon* 检验。具有贫困生活经历的企业家样本组的家族控制权配置方式均值和中位数均显著高于不具有贫困生活经历的企业家样本组，初步验证了假设 H1 - 1。

表 3.8　　　　　　　　　　　　　単变量检验结果

变量	不具有贫困生活经历 (N = 7536)		具有贫困生活经历 (N = 2169)		检验结果	
	Mean (1)	*FCAMn* (2)	*Mean* (3)	*FCAMn* (4)	*T-Test* (1) - (3)	*Wilcoxon Test* (2) - (4)
FCAM	0.577	0.000	0.604	1.000	- 0.027 **	0.000 ***
Edu	0.471	0.000	0.307	0.000	0.164 ***	0.000 ***
System	0.416	0.000	0.399	0.000	0.017	0.000
Army	0.135	0.000	0.236	0.000	- 0.101 ***	0.000 ***
Size	21.590	21.480	21.430	21.270	0.160 ***	0.210 ***
Lev	0.333	0.314	0.317	0.290	0.016 ***	0.024 ***
Roa	0.065	0.059	0.065	0.058	0.000	0.001
Cfa	0.063	0.055	0.067	0.060	- 0.004 ***	- 0.005 ***
Growth	0.132	0.049	0.111	0.040	0.021 ***	0.009 ***
Duality	0.447	0.000	0.319	0.000	0.128 ***	0.000 ***
Inde	0.374	0.333	0.370	0.333	0.004 ***	0.000 **
Cage	3.848	3.850	4.065	4.060	- 0.217 ***	- 0.210 ***
Gender	0.905	1.000	0.919	1.000	- 0.014 **	0.000
Pc_dum	0.198	0.000	0.287	0.000	- 0.089 ***	0.000 ***
Share	0.335	0.297	0.345	0.319	- 0.010 *	- 0.022
Fage	2.627	2.708	2.596	2.639	0.031 ***	0.069
Gdp	9.890	10.050	9.894	10.150	- 0.004	- 0.100 ***

3.4.2　统 计 检 验 结 果 分 析

我们采用 logit 回归对假设 H1 - 1 进行了检验，结果见表 3.9。表中
第（1）列呈现的是未加任何控制变量的结果，第（2）列是添加了相关
控制变量但未控制年份和行业效应的结果。可以看出，企业家贫困生活经
历与家族控制权配置方式的估值系数都是正向显著。加入行业和年份控制
变量后，表 3.9 第（3）列显示，企业家贫困生活经历（EPE）与家族控
制权配置方式（FCAM）的估值系数为 0.522，且在 0.1% 水平上显著。
上述结果表明，具有贫困生活经历的企业家更倾向于选择财富保护型控制
权配置方式，假设 H1 - 1 得到支持。

表 3.9　　　　　企业家贫困生活经历与家族控制权配置方式

变量	（1） FCAM	（2） FCAM	（3） FCAM
常数项	0.309 *** (3.264)	0.881 (0.892)	0.869 *** (6.841)
EPE	0.111 * (2.230)	0.214 ** (2.986)	0.522 *** (6.785)
Size		- 0.120 *** (- 4.132)	- 0.314 *** (- 9.524)
Lev		- 0.934 *** (- 5.581)	- 0.357 * (- 2.002)
Roa		6.922 *** (9.321)	7.012 *** (9.068)
Cfa		- 1.517 * (- 2.485)	- 1.411 * (- 2.185)
Growth		0.614 *** (4.622)	0.555 *** (3.875)
Duality		1.370 *** (4.818)	1.329 *** (3.424)

续表

变量	(1) FCAM	(2) FCAM	(3) FCAM
Inde		1.912 *** (3.592)	1.627 ** (2.948)
Cage		0.735 *** (3.676)	0.260 (1.246)
Gender		0.327 *** (3.368)	0.380 *** (3.952)
Pc_dum		0.055 (0.929)	0.160 * (2.534)
Share		− 1.664 *** (− 8.835)	− 1.620 *** (− 7.644)
Fage		− 0.220 *** (− 3.493)	− 0.867 *** (− 8.942)
Gdp		− 0.030 (− 0.913)	− 0.105 ** (− 3.104)
Year/Ind	不控制	不控制	控制
LR Chi2	87.990	397.220	875.300
Prob > Chi2	0.000	0.000	0.000
N	9 705	9 705	9 705

注：* 表示 $p < 0.05$，** 表示 $p < 0.01$，*** 表示 $p < 0.001$，括号内为 t 值。

从企业层面的控制变量的检验结果来看，企业规模（Size）与家族控制权配置方式显著负相关，表明家族企业规模越大，越有可能采取财富创造型控制权配置方式。资产负债率（Lev）与家族控制权配置方式显著负相关，表明家族企业资产负债率越高，越有可能采取财富创造型控制权配置方式。盈利能力（Roa）与家族控制权配置方式显著正相关，表明家族企业盈利能力越强，越有可能采取财富保护型控制权配置方式。现金流水平（Cfa）与家族控制权配置方式显著负相关，表明家族企业现金流水平越高，越有可能采取财富创造型控制权配置方式。销售收入增长率

（Growth）与家族控制权配置方式显著正相关，表明企业销售增长率越高，越有可能采取财富保护型控制权配置方式。领导权结构（Duality）与家族控制权配置方式显著正相关，表明当企业采取两职合一领导权结构时，更有可能采取财富保护型控制权配置方式。独立董事比例（Inde）与家族控制权配置方式显著正相关，表明独立董事比例越高，越有可能采取财富保护型控制权配置方式。

从企业家层面的控制变量的检验结果来看，企业家年龄（Cage）与家族控制权配置方式之间不存在统计意义上的显著性关系，表明企业家年龄对控制权配置方式影响较小。企业家性别（Gender）与家族控制权配置方式显著正相关，表明当男性企业家掌权时，越有可能采取财富保护型创造权配置方式。企业家政治关联情况（Pc_dum）与家族控制权配置方式显著正相关，表明当企业家具有政治关联时，企业更有可能采取财富保护型控制权配置方式。机构持股比例（Share）与家族控制权配置方式显著负相关，表明机构持股比例越高，越有可能采取财富创造型控制权配置方式。企业年龄（Fage）与家族控制权配置方式显著负相关，表明企业成立时间越长，越有可能采取财富创造型控制权配置方式。地区经济状况（GDP）与家族控制权配置方式显著负相关，表明企业所在地区经济状况越好，越有可能采取财富创造型控制权配置方式。

表 3.10 是关于高等教育经历调节效应的检验结果。表中第（1）列，企业家贫困生活经历（EPE）与高等教育经历（EDU）的交互项系数估值为 -0.458，在 0.1% 水平上显著，这表明高等教育经历显著削弱了企业家贫困生活经历与家族控制权配置方式之间的正向关系。在此基础上，分组检验结果表明，接受过高等教育的企业家样本组中，表 3.10 第（2）列显示，企业家贫困生活经历（EPE）与家族控制权配置方式（FCAM）的估值系数为 0.199，不具有统计意义上的显著性。在没有接受过高等教育的企业家样本组中，表 3.10 第（3）列显示，企业家贫困生活经历（EPE）与家族控制权配置方式（FCAM）的估值系数为 0.725，在 0.1% 水平上显著。进一步系数差异性检验发现，企业家贫困生活经历与财富保

护型控制权配置方式之间的正向关系，在没有接受过高等教育的企业家样本组中更显著，假设 H1 - 2 得到验证。

表 3. 10 高等教育经历的调节效应

变量	(1) FCAM	(2) FCAM Edu = 1	(3) FCAM Edu = 0
常数项	7. 514 *** (6. 649)	4. 982 ** (2. 720)	9. 467 *** (6. 364)
EPE	0. 696 *** (7. 782)	0. 199 (1. 497)	0. 725 *** (7. 629)
EPE × Edu	- 0. 458 *** (- 3. 478)		
Edu	0. 282 *** (4. 749)		
Size	- 0. 311 *** (- 9. 613)	- 0. 238 *** (- 4. 865)	- 0. 381 *** (- 8. 383)
Lev	- 0. 356 * (- 1. 963)	- 0. 312 (- 1. 142)	- 0. 342 (- 1. 403)
Roa	6. 980 *** (9. 365)	5. 605 *** (4. 910)	7. 900 *** (7. 787)
Cfa	- 1. 371 * (- 2. 083)	- 1. 580 (- 1. 520)	- 0. 994 (- 1. 188)
Growth	0. 537 *** (3. 729)	0. 648 ** (3. 019)	0. 485 * (2. 427)
Duality	1. 325 *** (3. 856)	1. 368 *** (5. 995)	1. 289 *** (7. 037)
Inde	1. 663 ** (3. 021)	2. 508 ** (2. 949)	1. 006 (1. 343)
Cage	0. 310 (1. 563)	0. 541 (1. 618)	0. 205 (0. 787)
Gender	0. 351 *** (3. 948)	0. 476 ** (2. 994)	0. 305 ** (2. 601)

续表

变量	(1) FCAM	(2) FCAM Edu = 1	(3) FCAM Edu = 0
Pc_dum	0. 155 * (2. 445)	0. 094 (0. 949)	0. 200 * (2. 474)
Share	− 4. 646 *** (− 8. 798)	− 5. 080 *** (− 6. 583)	− 4. 352 *** (− 7. 194)
Fage	− 0. 871 *** (− 7. 007)	− 1. 170 *** (− 8. 107)	− 0. 699 *** (− 7. 246)
Gdp	− 0. 100 ** (− 2. 942)	− 0. 057 (− 1. 068)	− 0. 118 ** (− 2. 622)
Year/Ind	控制	控制	控制
LR Chi2	900. 350	787. 480	772. 040
Prob > Chi2	0. 000	0. 000	0. 000
N	9 705	4 210	5 495
b0-b1	0. 526		
Chi2	16. 200		
p-value	0. 000		

注：* 表示 $p < 0.05$，** 表示 $p < 0.01$，*** 表示 $p < 0.001$，括号内为 t 值。

表 3.11 是关于体制内工作经历调节效应的检验结果。表中第（1）列，企业家贫困生活经历（EPE）与体制内工作经历（System）的交互项系数估值为 − 0. 274，在 5% 水平上显著，这表明体制内工作经历显著削弱了企业家贫困生活经历与家族控制权配置方式之间的正向关系。在此基础上，分组检验结果表明，在有过体制内工作经历的企业家样本组中，表 3.11 第（2）列显示，企业家贫困生活经历（EPE）与家族控制权配置方式（FCAM）的估值系数为 0. 419，在 1% 水平上显著。在没有过体制内工作经历的企业家样本组中，表 3.11 第（3）列显示，企业家贫困生活经历（EPE）与家族控制权配置方式（FCAM）的估值系数为 0. 559，在 0. 1% 水平上显著。进一步系数差异性检验发现，企业家贫困

生活经历与财富保护型控制权配置方式之间的正向关系，在没有过体制内工作经历的企业家样本组中更显著，假设 H1 - 3 得到验证。

表 3. 11 　　　　　　　　　　体制内工作经历的调节效应

变量	(1) FCAM	(2) FCAM System = 1	(3) FCAM System = 0
常数项	7. 720 *** (6. 846)	5. 995 ** (3. 052)	9. 519 *** (6. 393)
EPE	0. 640 *** (6. 852)	0. 419 ** (3. 194)	0. 559 *** (5. 532)
EPE × System	- 0. 274 * (- 2. 167)		
System	0. 228 *** (3. 685)		
Size	- 0. 308 *** (- 9. 523)	- 0. 377 *** (- 6. 865)	- 0. 234 *** (- 5. 649)
Lev	- 0. 393 * (- 2. 164)	- 1. 094 *** (- 3. 606)	0. 147 (0. 621)
Roa	6. 918 *** (9. 282)	7. 538 *** (6. 008)	6. 142 *** (6. 126)
Cfa	- 1. 479 * (- 2. 249)	- 2. 662 * (- 2. 415)	- 0. 577 (- 0. 700)
Growth	0. 560 *** (3. 887)	0. 858 *** (3. 653)	0. 131 (0. 684)
Duality	1. 326 *** (3. 888)	1. 887 *** (4. 088)	1. 027 *** (4. 427)
Inde	1. 614 ** (2. 937)	1. 066 *** (4. 265)	0. 300 (0. 433)
Cage	0. 241 (1. 220)	0. 573 (1. 675)	0. 096 (0. 354)
Gender	0. 378 *** (4. 264)	0. 188 (1. 142)	0. 478 *** (3. 966)
Pc_dum	0. 164 ** (2. 580)	0. 119 (1. 094)	0. 204 * (2. 542)

续表

变量	（1） FCAM	（2） FCAM System = 1	（3） FCAM System = 0
Share	− 4.658 *** （− 3.763）	− 4.816 *** （− 4.530）	− 4.681 *** （− 5.848）
Fage	− 0.912 *** （− 5.432）	− 1.963 *** （− 5.923）	− 0.454 *** （− 5.278）
Gdp	− 0.090 ** （− 2.624）	0.252 *** （4.613）	− 0.369 *** （− 7.350）
Year/Ind	控制	控制	控制
LR Chi2	889.220	864.200	862.380
Prob > Chi2	0.000	0.000	0.000
N	9 705	3 990	5 715
b0-b1	0.140		
Chi2	5.720		
p-value	0.017		

注：* 表示 $p < 0.05$，** 表示 $p < 0.01$，*** 表示 $p < 0.001$，括号内为 t 值。

表 3.12 是关于参军经历调节效应的检验结果。表中第（1）列，企业家贫困生活经历（EPE）与参军经历（Army）的交互项系数估值为 − 0.419，在 1% 水平上显著，这表明参军经历显著削弱了企业家贫困生活经历与家族控制权配置方式之间的正向关系。在此基础上，分组检验结果表明，在有过参军经历的企业家样本组中，表 3.12 第（2）列显示，企业家贫困生活经历（EPE）与家族控制权配置方式（FCAM）的估值系数为 0.289，不具有统计意义上的显著性。在没有过参军经历的企业家样本组中，表 3.12 第（3）列显示，企业家贫困生活经历（EPE）与家族控制权配置方式（FCAM）的估值系数为 0.646，在 0.1% 水平上显著。进一步系数差异性检验发现，企业家贫困生活经历与财富保护型控制权配置方式之间的正向关系，在没有过参军经历的企业家样本组中更显著，假

设 H1 – 4 得到验证。

表 3. 12　　　　　　　参军经历的调节效应

变量	(1) FCAM	(2) FCAM Army = 1	(3) FCAM Army = 0
常数项	7. 735 *** (6. 870)	8. 935 ** (2. 651)	7. 369 *** (6. 047)
EPE	0. 646 *** (7. 594)	0. 289 (1. 474)	0. 646 *** (7. 444)
EPE × Army	− 0. 419 ** (− 2. 766)		
Army	− 0. 183 * (− 2. 105)		
Size	− 0. 310 *** (− 9. 576)	− 0. 251 ** (− 2. 628)	− 0. 331 *** (− 9. 526)
Lev	− 0. 354 (− 1. 952)	− 1. 359 ** (− 2. 846)	− 0. 200 (− 1. 002)
Roa	6. 903 *** (9. 263)	7. 969 *** (3. 854)	6. 795 *** (8. 427)
Cfa	− 1. 374 * (− 2. 086)	− 0. 698 (− 0. 397)	− 1. 544 * (− 2. 148)
Growth	0. 539 *** (3. 747)	0. 533 (1. 312)	0. 546 *** (3. 510)
Duality	1. 331 *** (3. 963)	1. 615 *** (4. 103)	1. 311 *** (4. 715)
Inde	1. 589 ** (2. 890)	4. 972 *** (3. 293)	0. 870 (1. 455)
Cage	0. 279 (1. 412)	0. 173 (0. 271)	0. 312 (1. 486)
Gender	0. 399 *** (4. 507)	0. 531 (1. 550)	0. 377 *** (4. 071)
Pc_dum	0. 189 ** (2. 959)	0. 302 (1. 958)	0. 171 * (2. 387)

续表

变量	（1） FCAM	（2） FCAM Army = 1	（3） FCAM Army = 0
Share	− 4. 643 *** （ − 3. 761）	− 5. 093 *** （ − 4. 474）	− 4. 644 *** （ − 5. 842）
Fage	− 0. 847 *** （ − 8. 723）	− 1. 513 *** （ − 7. 182）	− 0. 743 *** （ − 9. 438）
Gdp	− 0. 101 ** （ − 2. 987）	− 0. 265 ** （ − 2. 870）	− 0. 059 （ − 1. 580）
Year/Ind	控制	控制	控制
LR Chi2	902. 720	701. 670	831. 990
Prob > Chi2	0. 000	0. 000	0. 000
N	9 705	1 488	8 217
b0-b1	0. 357		
Chi2	4. 500		
p-value	0. 034		

注：* 表示 $p < 0.05$，** 表示 $p < 0.01$，*** 表示 $p < 0.001$，括号内为 t 值。

表 3.13 是关于政治关联调节效应的检验结果。表中第 （1） 列，企业家贫困生活经历（EPE）与政治关联（PC_dum）的交互项估值系数显著为 0.045，这表明政治关联显著削弱了企业家贫困生活经历与财富保护型控制权配置方式之间的正向关系。在此基础上，本书以中位数为基准进行了分组检验，在政治关联程度较高的样本组，表 3.13 第 2 列中，企业家贫困生活经历（EPE）与家族控制权配置方式（FCAM）的估值系数为 0.015（$t = 1.097$，不显著）。在政治关联程度较低的样本组，企业家贫困生活经历（EPE）与家族控制权配置方式（FCAM）的估值系数为 0.053（$t = 4.126$，$p < 0.001$）。进一步系数差异性检验发现，企业家贫困生活经历与财富保护型控制权配置方式之间的正向关系，在政治关联程度较低的样本组更显著，假设 H1 − 5 得到验证。

表 3.13   政治关联的调节效应

变量	(1) FCAM	(2) FCAM Pc_dum = 1	(3) FCAM Pc_dum = 0
常数项	0.485 *** (3.943)	0.627 ** (3.138)	0.423 ** (2.667)
EPE	0.033 *** (3.730)	0.015 (1.097)	0.053 *** (4.126)
EPE × Pc_dum	− 0.045 ** (− 2.630)		
Pc_dum	− 0.044 *** (− 5.763)		
Size	− 0.001 (− 0.309)	− 0.002 (− 0.978)	0.001 (0.386)
Leverage	− 0.498 *** (− 5.225)	− 0.645 *** (− 4.765)	− 0.366 ** (− 2.687)
Roa	5.226 *** (5.230)	6.047 *** (5.156)	5.359 *** (5.546)
Cfa	− 0.009 (− 1.643)	− 0.006 (− 0.631)	− 0.010 (− 1.521)
Growh	0.025 *** (3.415)	0.015 (1.429)	0.039 *** (3.673)
Duality	0.008 *** (2.913)	0.004 ** (2.197)	0.013 ** (2.252)
Inde	0.018 ** (2.873)	0.034 (1.027)	0.054 * (2.039)
Cage	0.004 (0.413)	0.034 * (2.130)	0.015 (1.085)
Gender	0.038 *** (3.553)	0.043 (1.060)	0.035 *** (2.416)
Share	− 3.642 *** (− 3.561)	− 4.091 *** (− 4.474)	− 3.640 *** (− 4.842)
Fage	− 0.845 *** (− 3.723)	− 1.510 *** (− 3.182)	− 0.741 *** (− 4.438)
GDP	− 0.017 * (− 2.393)	− 0.033 ** (− 3.248)	− 0.000 (− 0.050)

续表

变量	(1) FCAM	(2) FCAM Pc_dum = 1	(3) FCAM Pc_dum = 0
Ind/Year	控制	控制	控制
LR Chi2	892.720	711.690	731.970
Prob > Chi2	0.000	0.000	0.000
N	9 705	7 589	2 116
b0-b1		0.040	
Chi2		8.100	
p-value		0.004	

注：* 表示 $p < 0.05$，** 表示 $p < 0.01$，*** 表示 $p < 0.001$，括号内为 t 值。

3.4.3　稳健性检验

为了保证上述结论的可靠性，本章在前述一系列检验的基础上重新进行了检验。一是调整了因变量的测度方式，将因变量三个测量维度指标（所有权、决策权和管理权）直接相加求算数平均值（FCP2），将其得分采用中位数作为区分，中位数之上为 1，否则为 0，重新进行了检验，检验结果没有发生实质性变化，具体见表 3.14。

表 3.14　　　　　　　　调整因变量测量方式的稳健性检验

变量	(1) FCAM	(2) FCAM	(3) FCAM
常数项	-0.124 *** (-5.388)	1.737 (1.811)	1.879 *** (8.524)
EPE	0.096 * (1.964)	0.246 *** (3.542)	0.622 *** (8.204)
Size		-0.271 *** (-9.218)	-0.489 *** (-4.542)

续表

变量	（1） FCAM	（2） FCAM	（3） FCAM
Lev		− 0. 646 *** （ − 3. 888）	− 0. 084 （ − 0. 479）
Roa		7. 890 *** （5. 965）	7. 989 *** （6. 477）
Cfa		− 1. 750 ** （ − 2. 854）	− 1. 721 ** （ − 2. 624）
Growth		1. 300 *** （9. 990）	1. 296 *** （9. 089）
Duality		1. 777 *** （5. 334）	1. 789 *** （4. 154）
Inde		1. 392 ** （2. 740）	1. 083 * （2. 056）
Cage		0. 799 *** （4. 240）	0. 235 （1. 180）
Gender		0. 131 （1. 519）	0. 146 （1. 654）
Pc_dum		− 0. 122 * （ − 2. 064）	− 0. 009 （ − 0. 146）
Share		− 2. 817 *** （ − 6. 267）	− 2. 661 *** （ − 4. 013）
Fage		0. 163 ** （2. 862）	− 0. 538 *** （ − 7. 872）
Gdp		− 0. 039 （ − 1. 248）	− 0. 118 *** （ − 3. 624）
Year/Ind	不控制	不控制	控制
LR chi2	173. 860	967. 330	594. 790
Prob > chi2	0. 000	0. 000	0. 000
N	9 705	9 705	9 705

注：* 表示 $p < 0.05$，** 表示 $p < 0.01$，*** 表示 $p < 0.001$，括号内为 t 值。

为了避免遗漏变量可能造成的内生性问题，本章采用 Heckman 两阶段方法进行了检验，检验结果没有发生实质性变化，具体检验结果见表 3.15。

表 3.15　　　　　　　　　　　　Heckman 两阶段检验

变量	(1) EPE 第一阶段	(2) FCAM	(3) FCAM 第二阶段	(4) FCAM
常数项	-2.823*** (-3.185)	0.243*** (5.125)	-1.106*** (-8.007)	2.263*** (7.428)
EPE		0.166** (2.744)	0.315*** (4.267)	0.554*** (7.131)
Lambda		0.018*** (3.672)	0.347*** (7.003)	0.310*** (5.322)
Size	-0.065 (-1.445)		-0.204*** (-6.641)	-0.296*** (-9.041)
Lev	-0.201 (-0.810)		-0.750*** (-4.390)	-0.278 (-1.526)
Roa	-0.590 (-0.603)		6.687*** (9.260)	7.239*** (9.661)
Cfa	0.909 (1.036)		-1.370* (-2.166)	-1.696* (-2.559)
Growth	0.357 (1.798)		0.657*** (4.710)	0.422** (2.888)
Duality	0.049 (0.662)		1.360*** (5.052)	1.297*** (4.199)
Inde	-1.192 (-1.621)		1.817*** (3.369)	2.030*** (3.665)
Cage	1.693*** (4.384)		5.311*** (4.674)	-3.990*** (-4.852)
Gender	-0.052 (-0.406)		0.342*** (3.917)	0.373*** (4.202)
Pc_dum	0.184* (2.330)		0.166** (2.659)	0.106 (1.634)
Share	-0.670*** (-4.631)		-4.789*** (-4.818)	-4.475*** (-3.771)

续表

变量	（1） EPE 第一阶段	（2） FCAM	（3） FCAM 第二阶段	（4） FCAM
Fage	−0.267 ** （−2.859）		−0.504 *** （−7.367）	−0.795 *** （−8.803）
Gdp	0.017 （0.380）		−0.070 * （−2.132）	−0.119 *** （−3.489）
Year/Ind	控制	不控制	不控制	控制
LR Chi2	715.600	177.570	477.600	867.410
Prob > Chi2	0.000	0.000	0.000	0.000
N	9 705	9 705	9 705	9 705

注：* 表示 $p < 0.05$，** 表示 $p < 0.01$，*** 表示 $p < 0.001$，括号内为 t 值。

为了避免样本选择偏差可能造成的内生性问题，我们采用 PSM 配对方法进行了样本处理，重新检验结果没有发生实质性改变，具体见表 3.16。

表 3.16　　　　　　　　　PSM 检验（1∶1 配对）

变量	（1） FCAM	（2） FCAM	（3） FCAM
常数项	−0.189 ** （−2.707）	1.727 *** （3.402）	2.013 *** （6.588）
EPE	0.445 *** （4.506）	0.483 *** （3.825）	1.074 *** （6.894）
Size		−0.102 （−1.327）	−0.388 *** （−4.281）
Lev		−1.578 *** （−3.836）	−0.620 （−1.289）
Roa		1.816 *** （5.554）	1.549 *** （5.399）
Cfa		−2.270 （−1.510）	−2.076 （−1.236）

续表

变量	(1) FCAM	(2) FCAM	(3) FCAM
Growth		0.714 * (2.012)	0.769 (1.927)
Duality		1.276 *** (8.950)	1.270 *** (8.174)
Inde		1.506 (1.139)	1.656 (1.173)
Cage		-1.923 ** (-2.712)	-3.178 *** (-3.948)
Gender		0.218 (0.957)	0.318 (1.307)
Pc_dum		0.078 (0.534)	0.099 (0.622)
Share		-5.560 *** (-8.655)	-5.749 *** (-7.653)
Fage		-0.093 (-0.608)	-0.955 *** (-5.147)
Gdp		0.014 (0.156)	-0.107 (-1.132)
Year/Ind	不控制	不控制	控制
LR Chi2	93.510	663.650	834.500
Prob > Chi2	0.000	0.000	0.000
N	1 660	1 660	1 660

注：* 表示 $p<0.05$，** 表示 $p<0.01$，*** 表示 $p<0.001$，括号内为 t 值。

3.4.4　进一步分析检验

不可否认的是，企业控制权配置不可能脱离外在的制度约束，它总是嵌入在特定的制度环境中。基于此，我们进一步分析了地区市场化状况可能造成的影响。

已有研究认为，公司治理体系可以视为一系列单个治理机制组成的治理集合（Yoshikawa et al.，2014；Kim & Salih，2014）。在这一集合中，某一种特殊的治理机制选择的边际成本与边际收益依赖于其他治理机制的效用（Ward et al.，2009）。一种治理机制对另一种治理机制的互补或替代效应，取决于这种机制能否带来额外增加的收益，或者是这种机制是否导致了成本的增加，而并没有带来增加的价值。当一种治理机制就能够实现有效的治理时，同时使用两个机制很难产生额外的收益。或者说另外一种机制，仅仅是一种不必要的成本支出。而外部治理机制对内部治理机制的替代或互补作用（Aguilera & Jackson，2003；Filatotchev & Allcock，2010），会影响企业选择和强化某一项具体的内部治理机制的潜在成本与收益（Kim & Salih，2014）。

企业面对外部制度环境，会基于自身利益最大化的动机，作出理性选择（Lee & Barney，2007）。如果制度环境的参数（如产权制度、法律制度等）发生了改变，企业会选择相应的内部治理结构来应对这种制度环境变化（Williamson，1991）。在企业财产安全缺乏有效保护的情况下，家族控制权就成为家族理性选择的替代性制度工具，用于保护其财产安全免遭侵害（Heugens et al.，2009）。从本质上来说，企业家贫困生活经历所导致的财富保护型控制权配置方式偏好主要源于企业财产安全的潜在风险，如果外部制度环境能够为企业财产安全提供有效保护，那么，企业家贫困生活经历对财富保护型控制权配置方式偏好的影响也将随之发生变化。

改革开放以后，在市场化体制逐步建立的过程中，由于各地区的具体情况和条件存在差异，不同地区的市场化程度也不一样。在市场化程度较高的地区，法律受到尊重，企业财富和财产权利也更安全（Judge et al.，2008）。因此，较高的市场化程度有助于为企业财产安全提供良好的法律保障，降低企业对外部环境风险的敏感度。这在一定程度上也有助于缓解身份认同不足的企业对可能遭遇的非正常法律清算的风险敏感性，进而缓解其对企业的家族控制权水平。

在市场化程度较低的地区，正式制度规则相对失灵，企业财产安全甚至所有权难以得到有效的法律保护（La Porta et al.，1997）。在此情况下，企业财产安全所面临的不确定性风险较高。这会刺激具有贫困生活经历的企业家的风险敏感性，为了规避风险，企业会更加重视保留控制权和企业财产安全（Tsao et al. , 2009），从而加强对企业的家族控制为其构建防范外部风险的隔离带（陈德球等，2011）。刘舒颖等（2016）的研究证实，强化家族控制是企业应对较差制度环境的重要方式。在此情况下，企业家贫困生活经历对财富保护型控制权配置方式偏好的影响将会更显著。

基于上述分析，我们采用樊纲的《中国市场化指数》对地区市场化程度进行测量，并检验了地区市场化程度的影响效应。表 3.17 是关于地区市场化程度调节效应的检验结果。表 3.17 第（1）列中，企业家贫困生活经历（EPE）与地区市场化程度（$Market$）的交互项估值系数显著为 -0.012，这表明地区市场化程度显著削弱了企业家贫困生活经历与财富保护型控制权配置方式之间的正向关系。在此基础上，本书以中位数为基准进行了分组检验，在地区市场化程度较高的样本组，表 3.17 第 2 列中，企业家贫困生活经历（EPE）与家族控制权配置方式（$FCAM$）的估值系数为 0.025，在 5% 水平上显著。在地区市场化程度较低的样本组，企业家贫困生活经历（EPE）与家族控制权配置方式（$FCAM$）的估值系数为 0.032，在 1% 水平上显著。进一步系数差异性检验发现，企业家贫困生活经历与财富保护型控制权配置方式之间的正向关系，在地区市场化程度较低的样本组更显著。

表 3.17　　　　　　地区市场化程度的调节效应

变量	(1) FCAM	(2) FCAM Market = 1	(3) FCAM Market = 0
常数项	0.489 ** (3.238)	0.697 ** (3.236)	0.180 (0.886)
EPE	0.029 ** (3.229)	0.025 * (1.962)	0.032 ** (2.563)
$EPE \times Market$	-0.012 ** (-2.777)		

续表

变量	(1) FCAM	(2) FCAM Market = 1	(3) FCAM Market = 0
Market	0.000 (0.045)		
Size	-0.000 (-0.285)	0.002 (0.630)	-0.003 (-1.281)
Leverage	-0.529 *** (-5.561)	-0.446 *** (-3.344)	-0.579 *** (-4.226)
Roa	2.230 *** (4.244)	2.395 *** (4.571)	3.129 *** (4.472)
Cfa	-1.475 * (-2.238)	-2.659 * (-2.417)	-0.573 (-0.702)
Growth	0.559 *** (3.885)	0.857 *** (3.651)	0.130 (0.682)
Duality	1.327 *** (3.887)	1.886 *** (4.085)	1.026 *** (4.425)
Inde	1.612 ** (2.935)	1.065 *** (4.263)	0.301 (0.435)
Cage	0.240 (1.223)	0.571 (1.670)	0.095 (0.351)
Gender	0.376 *** (4.261)	0.187 (1.141)	0.475 *** (3.960)
Pc_dum	0.162 ** (2.581)	0.118 (1.095)	0.202 * (2.539)
Share	-4.653 *** (-3.760)	-4.812 *** (-4.530)	-4.679 *** (-5.841)
Fage	-0.140 *** (-5.059)	-0.135 *** (-3.278)	-0.144 *** (-4.318)
GDP	-0.022 * (-2.000)	-0.010 (-0.635)	-0.061 *** (-4.482)
Ind/Year	控制	控制	控制
LR Chi2	877.210	841.200	852.370
Prob > Chi2	0.000	0.000	0.000

续表

变量	(1) FCAM	(2) FCAM Market = 1	(3) FCAM Market = 0
N	9 705	4 090	5 615
b0-b1		0.007	
Chi2		4.660	
p-value		0.031	

注：* 表示 $p < 0.05$，** 表示 $p < 0.01$，*** 表示 $p < 0.001$，括号内为 t 值。

3.5　本章小结

"只有把剑握在自己手里，才能把命运握在自己手里"。对于家族企业来说，控制权配置很大程度上是企业家个人意志的体现，而企业家个人意志与企业家成长经历是密切相关的。企业家成长经历是企业家在过去的亲身体验，影响其思想认知偏好的形成，进而会影响其成为企业家后的决策行为。本章依据烙印理论，实证检验了企业家早年贫困生活经历与家族企业控制权配置方式之间的关系，研究发现：在其他条件一定的情况下，具有贫困生活经历的企业家对企业有更强的家族控制权偏好，更有可能采取财富保护型控制权配置方式。两者之间的关系会受到教育经历、工作经历和参军经历等因素的调节性影响。企业家贫困经历与控制权配置关系检验结果汇总如表 3.18 所示。

表 3.18　　企业家贫困经历与控制权配置关系检验结果汇总

假设	检验结果
H1-1：早年具有贫困生活经历的企业家更有可能采取财富保护型控制权配置方式	成立

续表

假设	检验结果
H1-2：接受高等教育经历会削弱企业家贫困生活经历对财富保护型控制权配置方式偏好的正向影响	成立
H1-3：体制内工作经历会削弱企业家贫困生活经历对财富保护型控制权配置方式偏好的正向影响	成立
H1-4：从军经历会削弱企业家贫困生活经历对财富保护型控制权配置方式偏好的正向影响	成立
H1-5：企业家贫困生活经历对财富保护型控制权配置方式的正向影响在缺乏政治关联的企业家群体中更显著	成立

高等教育经历会削弱企业家的贫困生活经历与财富保护型控制权配置方式偏好之间的正向关系，企业家的贫困生活经历与财富保护型控制权配置方式偏好之间的正向关系在没有接受过高等教育的企业家群体中更显著；体制内工作经历会削弱企业家的贫困生活经历与财富保护型控制权配置方式偏好之间的正向关系，企业家的贫困生活经历与财富保护型控制权配置方式偏好之间的正向关系在缺乏体制内工作经历的企业家群体中更显著；参军经历会削弱企业家的贫困生活经历与财富保护型控制权配置方式偏好之间的正向关系，企业家的贫困生活经历与财富保护型控制权配置方式偏好之间的正向关系在没有过参军经历的企业家群体中更显著。在缺乏政治关联的企业家群体中，财富保护型控制权配置方式偏好之间的正向关系更显著。进一步检验发现，在市场化程度较低的地区，企业家的贫困生活经历与财富保护型控制权配置方式偏好之间的正向关系更显著。

第4章
家族控制权配置方式与
家族企业投资金融化

本章主要分析和检验研究主题分解的子问题之一："家族控制权配置究竟如何影响家族企业投资金融化行为，以及具体的作用机制是什么"。本章在现有文献基础上，从家族企业控制权配置方式的本质特征和影响效应出发，探究和分析家族企业控制权配置方式影响企业投资金融化的微观作用机制，并采用中国上市家族企业为样本进行了实证检验。

4.1　理论分析和研究假设

在以往关于家族企业控制权与企业投资决策行为（包括企业投资金融化）的研究中，一个基本的研究逻辑是：相对于非家族企业，家族企业有着独特的意志偏好，进而会影响企业的投资决策行为。但在实际检验过程当中，许多研究都是在家族企业控制权特征与投资行为之间构建直接逻辑关系，而忽略了家族企业控制权的具体治理效应，从而导致现有研究存在较大的"推论跳跃"。部分学者在研究家族企业控制权与企业投资行为关系时，经常把家族企业的意志偏好作为理论分析中的中介机制，而过往研究也普遍认可了家族企业意志偏好与企业投资决策正相关的观点。

不过遗憾的是，多数研究都没有提供直接的经验证据，也没有实证检验家族企业控制权配置影响企业投资行为（包括金融化）的具体作用机制。而只有厘清了机制，才能更深刻地认识和理解家族企业控制权配置，才能有针对性地破解家族企业治理有效性问题，这就是本书研究的核心所在。

本书所构建的家族企业控制权配置概念，在于将企业家个人的认知行为合理地融入企业内部权力配置中，使其可以将自己的意志偏好转化为企业的战略投资决策。更进一步来说，基于马克思的观点，他认为世上从来就没有纯粹的经济科学，特定的权力关系决定了资源的配置。在公司治理理论和实践中，企业投资决策及其经济后果取决于控制主体和控制权的设计或制度性安排。从这一角度出发，不难理解，家族企业的投资决策行为及其经济后果，本质上取决于是否具有某种合理的权力配置机制，并以其作为提高企业资本配置效率的制度性能力。

根据已有的研究观点"意愿和能力的统一决定了家族企业特异性行为的产生"（De Massis et al.，2014），家族企业是家族系统与企业系统的结合体，家族的影响是主导性的。这也就意味着，一方面，家族意志偏好是企业投资金融化投资行为产生的内在动因；另一方面，家族对企业的高度控制使其意志偏好能够落实到企业投资决策中，是家族企业投资金融化行为产生的组织保障。基于此，我们将以往研究思路转化为家族企业控制权配置方式会引发怎样的治理效应，进而又如何影响企业投资金融化行为的。并利用中国上市公司相关数据，检验家族企业控制权配置方式的治理效应是否存在？如果存在，何种治理效应更重要？又究竟是如何影响企业投资金融化行为的？

4.1.1　家族企业的投资逻辑

家族企业是家族和企业两种组织的融合体，强调企业财富和权力掌控在家族手中，因此其投资逻辑并非纯粹的市场逻辑，更多的是既包含家族情感化的投资逻辑，也包含讲求风险承担的市场化的投资逻辑。不同学者侧重于不同的逻辑，提出了两个基本假说：长期投资承诺假说和风险规避假说。

　　长期投资承诺假说主要是依据委托代理理论展开研究。家族企业的所有者与管理者合一在很大程度上有助于缓解传统的股东与经理人之间的委托代理问题。家族不仅仅是单纯的股东或管理者，家族系统和企业系统是相互嵌入的集合体，企业已经成为家族的一部分或者家族身份的象征。对于家族成员来讲，家族企业不仅仅是其经济收入的主要来源，更是一种可以传承给子孙后代的家族资产（Arregle et al.，2007）。所以，在管家理论基础上形成的长期承诺假说认为，家族所有者更有可能以管家的身份而非代理人的身份行事，会更加注重企业发展的长期导向（Bertrand & Schoar，2006）。同时，家族财富和声誉与企业的紧密关联性，家族延续与企业长期发展的紧密关联性，使得家族股东更有耐性和更愿意考虑一些具有长期导向的投资决策（Andersong & Reeb，2003；吴炳德，2016）。家族企业会倾向于投资具有长远收益的高风险项目（窦炜等，2015）。

　　风险规避假说主要是基于社会情感财富理论，从非经济理性目标出发进行研究。依据社会情感财富理论，家族企业所有者决策的首要关注点是保持和增加家族的社会情感财富（Gomez-Mejial et al.，2007）。控股家族对家族企业富有情感，看重家族对企业的控制，这种情感依赖深刻影响着家族企业的决策行为（Gomez-Mejial et al.，2011）。家族社会情感目标关乎家族企业的核心利益，往往会引发偏离纯粹经济目标的企业投资决策（陈志军等，2016）。家族企业进行高风险性投资行为难免会引入外部人力资本和财务资本，这在一定程度上会影响家族对企业的控制权。同时高风险性投入的产品或技术革新成功与否存在较大的不确定性，如果投资失败，则会导致家族声誉、家族权威等社会情感财富的损失。因此，家族的涉入会降低企业行为的发生。

　　从上述研究回顾来看，现有关于家族控制与企业投资行为关系的研究尚未取得一致性结论。其主要原因在于：上述两类观点更多的是考察家族企业投资决策与非家族企业投资决策之间的差异性，这两类观点存在一个隐含假设，即家族企业之间是同质化的。然而，家族企业之间是存在异质性的，不同家族企业间资源禀赋和企业目标是存在差异的，因此，对比家族企业与非家族企业之间的差异性，不同家族企业之间的决策行为具有更大的差异性。同时，现有文献更多的是基于家族所有权比例进行研究，忽视了家族控制权配置的属性内涵，这就为此领域的研究留下了需要进一步思考的空间。

事实上，在新兴经济情境下，中国家族企业一般处于由初创期向专业管理机制主导的成熟期转型过程中，外部治理机制的不完善导致中国家族企业的家族控制程度相对较高。实质上家族控制是对不完善外部治理机制的替代机制，从而有效缓解和解决委托人与代理人之间的利益冲突（Young & Peng，2008；Lazzarini，2015），保护家族财富安全。在英美模式下，家族企业的经营控制可以委托于董事会，董事会的受托责任同时受到完善的董事声誉机制以及经理人市场的有效监督（Fama & Jensen，1983；Chizema et al.，2014），因此在这种情况下将董事会作为经营控制的核心机制是有效的。

然而，在中国情境下，由于不存在成熟的董事声誉机制以及经理人市场，因此董事会受托责任并不能够由有效的外部治理机制加以保障（Peng，2003）。在此情况下，中国家族企业往往使用家族控制的形式代替弱化的外部公司治理机制，保障企业的经营控制权掌握在家族手中，确保家族财富安全。控股股东通过委任与自身相关联的董事进入董事会，并且亲自或者委派人员担任董事长或 CEO，以此规避外部治理机制完善，进而保障自身利益（Kish-Gephart & Campbell，2013）。

公司的控制权配置是在特定的所有权结构安排下，公司的治理结构和治理机制中各利益相关者的目标冲突和利益权衡后所形成的一种博弈均衡。掌握控制权的主体不同，那么控制权私有收益的形成、分配和转移过程中所涉及的投资行为方式必然会存在差异（窦炜等，2015）。事实上，从现有文献来看，家族企业在所有权结构和家族化程度上存在较大差异（傅瑜和申明浩，2013），造成企业控制权配置形式也有很大不同，进而也会影响到企业投资行为的选择。

4.1.2　家族企业控制权配置的融资约束效应

现有文献认为，家族对企业的高度控制会导致家族企业面临较高的融资约束（王藤燕和金源，2020；孙秀峰等，2021）。而企业金融化投资具有"蓄水池"功能，可以用以预防财务风险和反哺主业发展（Ding et al.，2013）。也就是说，较高的家族控制程度会强化其融资约束，为了预防由此引发的财务风险，企业会进行金融化投资，这就是家族控制的融资约束效应。

众所周知的是，长期以来，家族企业一直面临融资难和融资贵的问题。除了外部的所有制歧视因素外，近年来，部分学者也意识到家族控制权配置可能是影响其融资约束的重要内部因素（陈建林，2015）。依据前面的分析和控制权配置特征，可以将家族企业控制权配置方式分成两种类型：财富保护型控制权配置方式和财富创造型控制权配置方式。财富保护型控制权配置方式更看重企业的控制权，希望企业在家族内部传承。财富创造型控制权配置方式则更加注重长期财富的创造。由此，两种控制权配置方式所引发的企业融资约束状况是不一样的，相对于财富创造型控制权配置方式，财富保护型控制权配置方式引发的融资约束更为突出，从而也更需要通过金融化投资来预防财务风险。具体如下.

首先，从家族企业的融资意愿来看，采用财富保护型控制权配置方式的家族企业不愿意开展外部融资。相对于采用财富创造型控制权配置方式的家族企业而言，采用财富保护型控制权配置方式的家族企业的家族利他主义更强，家族更愿意持续掌控企业的经营控制权，以保障家族财富控制在家族内部。那么，出于对家族财富安全和对企业保持家族控制的考虑，企业主具有更强的内部融资偏好。事实上，家族企业在经营的过程中，由于家族自身资源的不足，往往会引入外部股东以获得企业发展所需的其他资源。此种做法虽为支撑家族企业的良性发展带来了有利的资源，但新的问题也随之而来。家族股权与经营权在一定程度上有所移出，家族对企业的控制随之减弱，不愿引入外部资金以防止家族控制权稀释，这就一定程度上增加了企业所面临的融资约束（Morck et al.，2003）。贺小刚等（2007）的研究证实，家族强化对企业的控制，会排挤其他投资者的进入，进而阻碍企业对外部资金的引入。

其次，从家族企业的融资能力来看，财富保护型的家族控制权配置方式降低了企业获取外部融资的可能性。在采用财富保护型控制权配置方式的家族企业中，家族与企业的关系更为紧密，为了保障企业的控制权掌握在家族手中，家族化管理程度更高。在家族利他主义的影响下，控股家族更可能增加企业的"非经济目标"，如安排能力一般的家族成员进入企业工作等（Gómez-Mejía et al.，2007）。这些非经济目标会增加企业决策失误的风险，损害企业价值，进而会妨害企业的外部融资能力。

同时，在采用财富保护型控制权配置方式的家族企业中，控股家族掌控绝对的控制权。其凭借控制权优势，会掌握和控制更多的企业内部信息，这就导致内部家族与外部投资者之间存在严重的信息不对称（沈华玉等，2017）。外部投资者在不完全了解企业内部相关信息的情况下，其投融资意愿会下降，进而会加剧家族企业的融资约束程度。

面对较强的融资约束，迫于生存压力，投资金融化就成为家族企业缓解融资约束、预防财务风险的一种理性选择。一方面，不同于固定资产，金融资产的流动性更强，当企业面临财务困境时，能够迅速通过出售金融资产及时获得流动性，从而缓解资金压力。彭俞超等（2018）的研究也指出，相比于固定资产流动性弱的特点，金融资产（包括现金等）本身具备较强的流动性，企业面对未来可能存在的资金短缺局面，可以通过提前配置适度的金融资产，利用金融资产流动性强的特点进行变现，从而补充账面资金。

另一方面，企业会因为未来宏观经济的不确定性以及未来潜在的投资机会，更偏好于持有大量的现金，这点在那些本身就存在融资约束的企业中格外突出（Almeida et al.，2004）。德米尔（Demir，2009）对阿根廷等国家的非金融企业的投资组合进行分析，认为除了收益率之差，企业持有金融资产的另一个原因是为了应对宏观经济不确定性。此外，依照丁等（Ding et al.，2013）的观点，融资约束可以抑制企业固定资产投资，而企业对资金流动性的管理可以有效缓解这一抑制作用。综合众多学者的观点，对于融资约束较强的财富保护型控制权配置方式而言，企业可以通过进行金融化投资将金融资产作为流动资金进行储备，用以防止现金流冲击给企业带来的资金链断裂的风险（Smith & Stulz，1985；Stulz，1996；胡奕明等，2017）。

4.1.3　家族企业控制权配置的风险规避效应

现有文献认为，在家族企业中，家族财富和声誉与企业之间存在紧密关联性，高风险性投资行为难免会引入外部人力资本和财务资本，这在一定程度上会影响家族对企业的控制权。同时，高风险性投资如果失败，则会导致家族声誉、家族权威等社会情感财富的损失。而金融资产配置具有较为理想的风险分散功能（胡奕明等，2017）。也就是说，较高的家族控制程度会强化其保护家族社会情感财富倾向，为了规避风险性投资所引发的家族社会情感财富损失，企业会进行金融化投资以分散风险，这就是家族控制的风险规避效应。

对于采取财富创造型控制权配置方式的家族企业而言，家族企业不仅仅是其经济收入的主要来源，更是一种财富创造的平台。其对于财富创造具有较高的企业家精神层面的认同感，对于这类家族企业而言，企业本身已经不再单纯是帮助家族获取利益的工具，更多的是为了帮助家族实现自身的理想、信念以及社会价值（谢会丽等，2019）。因此，就算面临主营业务下滑等艰难局面，这类企业通常也不会轻易缩减或放弃主营业务，更不会选择进行金融化投资的经营决策行为，企业控股家族具备的创业激情、守业热情与企业家精神会促使企业通过技术创新，或者进行战略变革以及组织调整等多种决策来解决主营业务的经营困境，从而使企业在主业行业中继续保持领先地位（Anderson & Reeb，2003）。

而对于采取财富保护型控制权配置方式的家族企业来说，由于其对企业所采取的高度控制模式，使得家族财富和声誉与企业之间的关联性更为紧密。此时，对家族企业而言，社会情感财富是其投资决策的重要参考依据，家族企业会为了避免社会情感财富的损失而减少风险性决策行为（Gomez-Mejial et al.，2007）。其原因在于：家族对企业的高度控制意味着家庭利益和企业利益高度一致，并未对家庭财富分散投资，企业投资失败不但会对家庭经济造成损失，而且家族多年的心血都会付之东流，家庭社会地位、声誉也会受到损害，为此，在面对风险较大的投资时，会采取回避政策（胡旭阳等，2018）。

而金融化投资则在一定程度上契合家族企业的这种风险规避偏好。一方面，以金融投资为代表的虚拟经济具有财富累积效应。企业可以利用金融投资期限短、资金流动性强和资金回收速度快的特点，在企业资金充裕或缺乏净现值为正的投资项目时，从资本的保值目的出发，将企业闲置资金投向金融领域，这样可以提高资本收益和资金利用效率（Sean，1999）。另一方面，企业进行金融资产的配置，可以较为理想地对企业承担的风险进行分散（胡奕明等，2017）。事实上，以金融投资为代表的虚拟经济还具备投资缓冲的作用，企业可以通过多元化投资来增加投资收益、分散经营风险（潘晓影和张长海，2016），从而逐步提升企业对于资本的运作能力。企业在面临利润下滑的局面时，随着金融资产持有比例的增加，可以在一定程度上缓冲主营业务带来的收入水平下降，同时也能为企业创造条件从而改善短期盈利，为因市场意外陷入低迷而造成企业实务投资的下降提供缓冲余地（Stulz，1996；Demir，2009）。

因此，相对于实体投资和创新投资等具有长期风险性的投资，为有效应对投资风险，规避家族社会情感财富损失，家族企业有动机通过对企业进行金融资产的适度配置来对资产结构进行优化，增强企业对经营风险的承担能力。基于此动机，这类企业客观上会显著提升金融化投资的程度，即财富保护型家族控制权配置方式的企业会显著提升企业投资金融化的程度。

综合上述分析，财富保护型控制权配置方式会产生融资约束效应和风险规避效应，进而会影响到企业投资金融化行为。而这两种不同影响效应的差异之处表现在：融资约束效应在于财富保护型控制权配置方式会加剧家族企业的融资约束程度，为应对这一财务风险，企业需要通过金融化投资，发挥其"蓄水池"功能，以防止现金流冲击带来的资金链断裂风险。风险规避效应在于财富保护型控制权配置方式会强化家族财富与企业的关联紧密性，为规避家族财富损失风险，企业需要通过配置金融资产以分散风险。基于此，本章提出如下研究假设：

H2-1：财富保护型控制权配置方式与企业投资金融化显著正相关。

H2-2a：财富保护型控制权配置方式通过融资约束效应影响企业投资金融化水平。

H2-2b：财富保护型控制权配置方式通过风险规避效应影响企业投资金融化水平。

H2-3a：财富保护型控制权配置方式影响企业投资金融化的关键在于融资约束效应。

H2-3b：财富保护型控制权配置方式影响企业投资金融化的关键在于风险规避效应。

4.2　研究设计

4.2.1　数据来源与样本选择

考虑到自 2007 年我国开始施行新的会计准则，本章以 2008～2020 年沪深上市家族企业作为初始样本。本书定义的家族企业参考维拉隆加和阿密特（Villalonga & Amit，2009）、刘白璐和吕长江（2016）以往研究，定义家族企业如下：（1）上市公司最终控制人为家族自然人或家族，并且直接或间接是上市公司第一大股东；（2）最终控制人对上市公司具有实质控制权，即直接或间接持有至少10%的上市公司投票权；（3）至少有一名家族成员在企业高管层任职。初始样本经过以下程序删选：（1）剔除了公共事业类、金融类企业；（2）剔除了ST、*ST的企业；（3）剔除了相关指标数据严重缺失的样本；（4）为规避异常值可能带来的影响，对所有连续变量进行了上下1%的winsorize处理。最终获得1 088家企业，9 705个观测值。本章数据主要来源于手工整理数据和相关数据库数据，其中，相关财务数据来源于CSMAR、CNRDS数据库；企业家信息数据主要通过年报、公司官网、百度搜索等方式获取；宏观经济数据来源于历年各省《国民经济和社会发展统计公报》。在数据收集整理过程中，为了保证数据的准确性和一致性，本章对从不同途径所获取的数据进行了对比分析。

4.2.2 变量界定

（1）被解释变量，企业投资金融化（*Financy*），借鉴杜勇（2017）的做法，以企业持有的金融资产比例表示金融化程度。根据企业的资产负债表，本章将交易性金融资产、衍生金融资产、发放贷款及垫款净额、可供出售金融资产净额、持有至到期投资净额、投资性房地产净额都纳入金融资产的范畴。需要说明的是，尽管货币资金也属于金融资产，但经营活动本身也会产生货币，因此，本章中的金融资产未包括货币资金。此外，现代房地产越来越脱离实体经济部门，具有虚拟化特征（宋军和陆旸，2015），大量进入房地产的资金用于投机炒作而非生产经营。根据《企业会计准则第3号——投资性房地产》的定义，投资性房地产是指为赚取租金或资本增值，或两者兼有而持有的房地产，它能较好地衡量实体企业房地产投资的情况。因此，本章在企业投资金融化的衡量过程中包括了投资性房地产净额项目。由此，企业投资金融化程度（*Fin*）的计算公式为：
Fin =（交易性金融资产＋衍生金融资产＋发放贷款及垫款净额＋可供出售
金融资产净额＋持有至到期投资净额＋投资性房地产净额）/总资产，数
值越高代表企业投资金融化程度越高。

（2）解释变量，家族控制权配置方式（Family Control Allocation
Mode，FCAM）。根据前面的分析，参考肯姆和奥德米尔（Kim & Ozdemir，
2014）的研究，主要从家族对企业的所有权、决策控制权和管理权三个方
面对家族控制权配置方式进行度量，具体如下：

所有权（*Equity*）：主要考察家族持股比例是否超过样本均值，超过
样本均值的赋值为 1，否则为 0。

决策控制权（*Decision*）：董事会中的家族成员比例是否超过样本均
值，超过样本均值的赋值为 1，否则为 0。

管理权（*Manage*）：CEO 由本人或家族成员担任则赋值为 1，否则
为 0。

在上述基本测量的基础上构建家族控制权配置方式的综合指标：首先
采用主成分分析法将上述三个指标提取一个公因子；其次，将公因子得分
采用中位数作为区分，中位数之上赋值为 1，表示家族对企业具有高度的
控制权偏好，将其视为财富保护型控制权配置方式；中位数以下的赋值为
0，表示家族引入更多的非家族力量进入企业中，借助外力共同创造财富，
因此将其视为财富创造型控制权配置方式。

（3）控制变量，参考现有相关文献，本章研究的控制变量包括企业
规模（*Size*）、资产负债率（*Lev*）、盈利能力（*Roa*）、现金流水平
（*Cfa*）、销售收入增长率（*Growth*）、领导权结构（*Duality*）、独立董事
比例（*Inde*）、企业家年龄（*Cage*）、企业家性别（*Gender*）、企业家政
治关联情况（*Pc_dum*）、机构持股比例（*Share*）、企业年龄（*Fage*）、
地区经济状况（*GDP*），此外还控制了行业和年份效应，具体变量定义
见表 4.1。

表 4.1 变量定义

名称	变量	内容
企业投资金融化	*Financy*	（交易性金融资产＋衍生金融资产＋发放贷款及垫款净额＋可供出售金融资产净额＋持有至到期投资净额＋投资性房地产净额）/总资产，数值越高代表企业投资金融化程度越高
家族控制权配置	*FCAM*	采用主成分分析法从家族对企业的所有权、决策控制权和管理权三方面提取公因子，将公因子得分采用中位数作为区分，中位数之上赋值为1，表示家族对企业具有高度的控制权偏好，将其视为财富保护型控制权配置方式；中位数以下的赋值为0，将其视为财富创造型控制权配置方式
企业规模	*Size*	企业总资产的自然对数
资产负债率	*Lev*	总负债/总资产
总资产收益率	*Roa*	净利润/资产总额平均值
现金流水平	*Cfa*	经营活动现金净流量/资产总额
销售收入增长率	*Growth*	（本年销售收入－上年销售收入）/上年销售收入
两职合一	*Duality*	董事长和总经理两职合一取1，否则为0
独立董事比例	*Inde*	独立董事人数/董事会总人数
企业家年龄	*Cage*	调查年份减去企业家出生年份取自然对数
企业家性别	*Gender*	企业家性别为男性则为1，否则为0
政治关联	*Pc_dum*	企业家为人大代表或政协委员取值为1，否则为0
机构持股比例	*Share*	机构投资者持股实际比例
企业年龄	*Fage*	调查年份减去企业成立年份
地区经济状况	*Gdp*	所在地区人均GDP的自然对数
行业	*Ind*	所在行业哑变量
年份	*Year*	年份

4.3　实证结果与分析

4.3.1　描述性统计

表 4.2 列示了主要变量的描述性统计结果。企业投资金融化（*Financy*）的平均值为 0.071，标准差为 0.178，这表明不同企业之间在金融化方面存在较大差异。家族控制权配置方式（*FCAM*）的均值是 0.583，标准差为 0.493，表明样本企业中有 58.3% 的企业选择了财富保护型控制权配置方式，同时也说明不同企业在家族控制权配置方式方面存在一定差异。其他变量的描述性统计情况见表 4.2。

表 4.2　　　　　　　　　　　　　　描述性统计

变量	*Mean*	*Sd*	*Min*	P_{25}	P_{50}	P_{75}	*Max*
FCAM	0.583	0.493	0.000	0.000	1.000	1.000	1.000
Financy	0.071	0.178	0.000	0.000	0.005	0.040	0.497
Size	21.560	1.012	19.610	20.820	21.430	22.160	24.600
Lev	0.329	0.178	0.037	0.184	0.309	0.458	0.987
Roa	0.065	0.043	0.003	0.035	0.059	0.087	0.786
Cfa	0.064	0.045	0.002	0.031	0.056	0.089	0.518
Growth	0.127	0.188	0.000	0.000	0.047	0.163	0.859
Duality	0.418	0.493	0.000	0.000	0.000	1.000	1.000
Inde	0.373	0.047	0.333	0.333	0.333	0.429	0.500
Cage	3.897	0.162	3.401	3.807	3.892	4.007	4.262
Gender	0.909	0.288	0.000	1.000	1.000	1.000	1.000

续表

变量	Mean	Sd	Min	P_{25}	P_{50}	P_{75}	Max
Pc_dum	0.218	0.413	0.000	0.000	0.000	0.000	1.000
Share	0.337	0.242	0.000	0.119	0.300	0.550	0.782
Fage	2.620	0.441	1.099	2.398	2.708	2.944	3.367
Gdp	9.891	0.780	7.960	9.472	10.080	10.470	11.200

表 4.3 是主要变量的相关系数情况，从数据结果来看，家族控制权配置方式（FCAM）与企业投资金融化（Financy）显著正相关，表明财富保护型控制权配置方式会强化家族企业投资金融化程度，这初步验证了本章的研究假设 H2 - 1，但各变量之间关系的强度和方向，以及家族控制权配置方式与家族企业投资金融化之间的关系还需利用一系列多元回归分析进一步检验。

表 4.3   **Pearson 相关系数表**

变量	Financy	FCAM	Size	Lev	Roa	Cfa	Growth
Financy	1.000						
FCAM	0.188***	1.000					
Size	-0.022**	-0.215***	1.000				
Lev	-0.021**	-0.207***	0.386***	1.000			
Roa	0.001	0.121***	-0.128***	-0.337***	1.000		
Cfa	0.005	-0.012	-0.043***	-0.099***	0.324***	1.000	
Growth	-0.078***	0.020**	0.148***	0.085***	-0.044***	-0.086***	1.000
Duality	0.028***	0.278***	-0.131***	-0.102***	0.075***	-0.004	-0.031***
Inde	-0.004	0.039***	0.015	0.004	0.002	0.001	0.008
Cage	-0.008	-0.003	-0.033***	-0.051***	0.022**	0.071***	-0.049***
Gender	0.037***	0.010	0.065***	0.058***	-0.026**	-0.010	-0.012
Pc_dum	0.025**	-0.022**	0.096***	0.043***	-0.060***	-0.012	0.009

续表

变量	Financy	FCAM	Size	Lev	Roa	Cfa	Growth
Share	-0.127 ***	-0.366 ***	0.227 ***	0.154 ***	0.030 ***	0.081 ***	-0.015
Fage	-0.188 ***	-0.081 ***	0.229 ***	0.159 ***	-0.047 ***	0.046 ***	0.127 ***
Gdp	0.125 ***	-0.038 ***	0.068 ***	0.068 ***	0.017	0.048 ***	-0.156 ***

变量	Duality	Inde	Cage	Gender	Pc_dum	Share	Fage
Duality	1.000						
Inde	0.020 **	1.000					
Cage	-0.130 ***	-0.015	1.000				
Gender	-0.027 ***	-0.001	0.079 ***	1.000			
Pc_dum	-0.045 ***	-0.011	0.109 ***	0.035 ***	1.000		
Share	-0.069 ***	-0.010	0.072 ***	0.020 *	0.032 ***	1.000	
Fage	-0.054 ***	-0.010	0.122 ***	0.032 ***	0.020 *	0.047 ***	1.000
Gdp	0.009	-0.021 **	0.040 ***	0.004	-0.018 *	0.053 ***	-0.053 ***

注：* 表示 $p < 0.05$，** 表示 $p < 0.01$，*** 表示 $p < 0.001$。

表 4.4 报告了主要变量的单变量检验结果。两样本的均值和中位数差异检验分别基于参数 T 检验和 Wilcoxon 检验。采用财富保护型控制权配置方式的样本组的企业投资金融化均值和中位数均显著高于采用财富创造型控制权配置方式的样本组，初步验证了假设 H2-1。

表 4.4　　　　　　　　　单变量差异性检验结果

变量	(N = 5655)		(N = 4050)		检验结果	
	(1)	(2)	(3)	(4)	(1) - (3)	(2) - (4)
	Mean	FCAMn	Mean	FCAMn	T-Test	Wilcoxon Test
Financy	0.032	0.005	0.100	0.006	-0.068 ***	-0.001 **
Size	21.810	21.710	21.370	21.260	0.440 ***	0.450 ***
Lev	0.373	0.359	0.298	0.274	0.075 ***	0.085 ***

变量	($N=5655$)		($N=4050$)		检验结果	
	（1）	（2）	（3）	（4）	（1）-（3）	（2）-（4）
	Mean	*FCAMn*	*Mean*	*FCAMn*	*T-Test*	*Wilcoxon Test*
Roa	0.059	0.051	0.069	0.063	-0.010 ***	-0.012 ***
Cfa	0.065	0.056	0.064	0.056	0.001	0.000
Growth	0.123	0.056	0.130	0.035	-0.007	0.021 ***
Duality	0.256	0.000	0.534	1.000	-0.278 ***	-1.000 ***
Inde	0.371	0.333	0.374	0.333	-0.003 ***	0.000 ***
Ceo-age	3.897	3.912	3.896	3.892	0.001	0.020 ***
Gender	0.905	1.000	0.911	1.000	-0.006	0.000
Pc_dum	0.228	0.000	0.210	0.000	0.018 **	0.000 **
Share	0.471	0.499	0.242	0.174	0.229 ***	0.325 ***
Age	2.662	2.708	2.590	2.639	0.072 ***	0.069 ***
Gdp	9.925	10.150	9.866	10.050	0.059 ***	0.100 ***

4.3.2 统计检验结果分析

我们采用 OLS 回归对假设 H2-1 进行了检验，结果见表 4.5。表 4.5 第（1）列呈现的是未加任何控制变量的结果，第（2）列是添加了相关控制变量但未控制年份和行业效应的结果。可以看出，家族控制权配置方式（*FACM*）与企业投资金融化（*Financy*）的估值系数都是正向显著。加入行业和年份控制变量后，表 4.5 第（3）列显示，家族控制权配置方式（*FCAM*）与企业投资金融化（*Financy*）的估值系数为 0.276，且在 0.1% 水平上显著。上述结果表明，采用财富保护型控制权配置方式会强化家族企业投资金融化行为，假设 H2-1 得到支持。

表 4.5　　　　　财富保护型控制权配置方式与企业投资金融化

变量	（1） Financy	（2） Financy	（3） Financy
常数项	0.032 *** （3.517）	-0.243 *** （-3.750）	-0.347 *** （-4.975）
FCAM	0.068 *** （8.905）	0.363 *** （7.024）	0.276 *** （8.086）
Size		0.010 *** （4.720）	0.017 *** （8.271）
Lev		0.011 （0.951）	-0.019 （-1.556）
Roa		-0.109 * （-2.273）	-0.116 * （-2.472）
Cfa		0.102 * （2.352）	0.064 （1.498）
Growth		-0.047 *** （-4.995）	-0.043 *** （-4.617）
Duality		-0.009 * （-2.362）	-0.008 * （-2.104）
Inde		-0.040 （-1.081）	-0.029 （-0.815）
Cage		0.005 （0.445）	0.000 （0.026）
Gender		0.021 *** （3.508）	0.022 *** （3.684）
Pc_dum		0.012 ** （2.741）	0.009 * （2.133）
Share		-0.047 *** （-5.636）	-0.050 *** （-6.183）
Fage		-0.072 *** （-8.554）	-0.041 *** （-8.714）
Gdp		0.026 *** （6.346）	0.026 *** （6.619）
Year/Ind	不控制	不控制	控制
F	57.390	70.360	74.99
Adj R^2	0.085	0.091	0.134
N	9 705	9 705	9 705

注：* 表示 $p<0.05$，** 表示 $p<0.01$，*** 表示 $p<0.001$，括号内为 t 值。

从企业层面的控制变量的检验结果来看，企业规模（*Size*）与企业投资金融化显著正相关，表明家族企业规模越大，企业投资金融化水平越高。资产负债率（*Lev*）与企业投资金融化之间不存在统计意义上的显著性关系。盈利能力（*Roa*）与企业投资金融化显著负相关，表明家族企业盈利能力越强，企业投资金融化水平越低。现金流水平（*Cfa*）与企业投资金融化之间不存在统计意义上的显著性关系。销售收入增长率（*Growth*）与企业投资金融化显著负相关，表明企业销售增长率越高，企业投资金融化水平越低。领导权结构（*Duality*）与企业投资金融化显著负相关，表明当企业采取两职合一领导权结构时，企业投资金融化水平较低。独立董事比例（*Inde*）与企业投资金融化之间不存在统计意义上的显著性关系，表明独立董事比例越高，企业投资金融化水平越低。

从企业家层面的控制变量的检验结果来看，企业家年龄（*Cage*）与企业投资金融化之间不存在统计意义上的显著性关系，表明企业家年龄对控制权配置方式影响较小。企业家性别（*Gender*）与企业投资金融化显著正相关，表明当男性企业家掌权时，企业投资金融化水平较高。企业家政治关联情况（*Pc_dum*）与企业投资金融化显著正相关，表明当企业家具有政治关联时，企业投资金融化水平较高。机构持股比例（*Share*）与企业投资金融化显著负相关，表明机构持股比例越高，企业投资金融化水平越低。企业年龄（*Fage*）与企业投资金融化显著负相关，表明企业成立时间越长，企业投资金融化水平越低。地区经济状况（*Gdp*）与企业投资金融化显著正相关，表明企业所在地区经济状况越好，企业投资金融化水平较高。

在前面关于家族控制权配置方式与家族企业投资金融化关系的分析中，其基本观点是：财富保护型控制权配置方式会产生融资约束效应和风险规避效应，通过这两种效应的影响会强化家族企业投资金融化行为。那么，这两种影响机制是否真的存在？如果存在，究竟是融资约束效应占据主导，还是风险规避效应占据主导，抑或两种效应同等重要？为此，本章首先构建了企业融资约束效应的测量指标，然后检验财富保护型控制权配置方式是否会强化家族企业的融资约束，进而识别家族控制权配置方式影响家族企业投资金融化的作用机制。具体如下：

（1）融资约束效应的测量指标。

现有研究主要通过以公司特征变量和构建综合指数两种方式来计量企业融资约束程度，常用的测量方式有 *KZ* 指数、*WW* 指数和 *SA* 指数。其中哈洛克和皮尔斯（Hadlock & Pierce，2009）采用企业规模和企业年限这两个外生变量构建了 SA 指数，具体模型如下：

$$SA_{it} = -0.737 \times Size_{it} + 0.043 \times Size_{it}^2 - 0.04 \times Age_{it} \qquad (4.1)$$

其中，*Size* 和 *Age* 分别表示上市公司规模和公司上市年龄。该方法得到了鞠晓生等（2013）、卡塔米（Khatami et al.，2015）、劳和米尔斯（Law & Mills，2015）等学者的推崇。基于此，本章选用 *SA* 指数作为融资约束的代理变量。为了便于理解，本章对 *SA* 指数进行了正向处理，处理后 *SA* 指数值越大表明企业受到融资约束程度越深。

（2）具体作用机制的识别。

本章首先检验了财富保护型控制权配置方式是否增加了融资约束，考虑如下的回归模型：

$$Constraint = b_0 + \mu FCAM + b_i Controls + Ind + Year + \varepsilon \qquad (4.2a)$$

其中，*FCAM* 代表家族控制权配置方式，*Constraint* 代表融资约束，*Controls* 代表控制变量，检验结果见表 4.6。为观察结果的稳定性，本章通过逐步加入控制变量和行业、年度变量进行检验。在不加入控制变量的列（1）中，解释变量家族控制权配置方式（*FCAM*）与企业融资约束变量（*Constraint*）的估值系数为 0.720，在 1% 水平上显著。在加入控制变量但不加行业、年份控制时，解释变量家族控制权配置方式（*FCAM*）与企业融资约束变量（*Constraint*）的估值系数为 0.843，在 0.1% 水平上显著。在加入所有控制变量后，家族控制权配置方式（*FCAM*）与企业融资约束变量（*Constraint*）的估值系数为 0.946，在 0.1% 水平上显著。这说明，财富保护型控制权配置方式强化了家族企业的融资约束。

表 4.6 控制权配置方式提升了融资约束

变量	(1) Constraint	(2) Constraint	(3) Constraint
常数项	3.675 *** (6.527)	2.258 *** (8.279)	2.297 *** (6.929)
FCAM	0.720 ** (2.678)	0.843 *** (5.418)	0.946 *** (5.600)
Size		0.021 *** (5.376)	0.022 *** (5.412)
Lev		0.063 ** (2.815)	0.052 * (2.210)
Roa		0.495 *** (5.425)	0.445 *** (4.871)
Cfa		0.076 (0.915)	0.060 (0.718)
Growth		0.037 * (2.037)	0.037 * (2.022)
Duality		0.003 (0.430)	0.001 (0.180)
Inde		−0.076 (−1.082)	−0.090 (−1.279)
Cage		0.051 * (2.403)	0.041 (1.915)
Gender		−0.015 (−1.290)	−0.017 (−1.509)
Pc_dum		0.000 (0.025)	0.002 (0.250)
Share		−0.028 (−1.786)	−0.021 (−1.332)
Fage		0.310 *** (3.638)	0.317 *** (3.081)
Gdp		−0.007 (−1.721)	−0.011 * (−2.436)
Year/Ind	不控制	不控制	控制
F	7.170	44.680	49.840

续表

变量	(1) Constraint	(2) Constraint	(3) Constraint
Adj R^2	0.086	0.172	0.181
N	9 705	9 705	9 705

注：＊表示 $p < 0.05$，＊＊表示 $p < 0.01$，＊＊＊表示 $p < 0.001$，括号内为 t 值。

在上述检验的基础上，本章通过以下两个模型对具体作用机制的存在性及其重要性进行检验。

$$Financy = b_0 + k_0 FCAM + b_i Controls + Ind + Year + \varepsilon \qquad (4.2b)$$

$$Financy = b_0 + kFCAM + vConstraint + b_i Controls + Ind + Year + \varepsilon \qquad (4.2c)$$

其中，$Financy$ 表示企业投资金融化，$FCAM$ 代表控制权配置方式，$Constraint$ 代表融资约束，$Controls$ 代表控制变量。

在模型（4.2b）中主要关注家族控制权配置方式是否会强化家族企业投资金融化行为，也就是关注变量 $FCAM$ 的系数 k_0 的符号及其显著性。假如 k_0 显著为正，就表明家族控制权配置方式会强化家族企业投资金融化行为。在模型（4.2c）中主要检验具体的作用机制，其做法是在模型（4.2b）的基础上，在解释变量中同时引入家族控制权配置方式（$FCAM$）与企业融资约束（$Constraint$）。在不控制企业融资约束（$Constraint$）变量的情况下，家族控制权配置方式（$FCAM$）的估计系数 k_0 包含了融资约束效应和风险规避效应。而一旦通过控制 $Constraint$ 分离出融资约束效应，家族控制权配置方式（$FCAM$）的估计系数 k 则仅仅表示风险规避效应。检验的基本逻辑是：假如控制 $Constraint$ 后，k 的系数不再显著，则表明融资约束效应占主导；假如 $Constraint$ 的系数 v 不显著而 k 显著，则表明风险规避效应占主导；假如 k 和 v 都显著，则表明融资约束效应与风险规避效应都扮演了重要角色，则需进一步比较两者之间的相对重要性，检验结果见表4.7。

表 4.7　　　控制权配置影响家族企业投资金融化的机制检验

变量	（1） *Constraint*	（2） *Financy*	（3） *Financy*
常数项	2. 297 *** （6. 929）	- 0. 347 *** （ - 4. 975）	- 2. 145 *** （ - 8. 678）
FCAM	0. 946 *** （5. 600）	0. 276 *** （8. 086）	0. 208 *** （3. 442）
Constraint			0. 305 *** （4. 345）
Size	0. 022 *** （5. 412）	0. 017 *** （8. 271）	0. 872 *** （4. 974）
Lev	0. 052 * （2. 210）	- 0. 019 （ - 1. 556）	0. 037 （0. 217）
Roa	0. 445 *** （4. 871）	- 0. 116 * （ - 2. 472）	- 3. 220 *** （ - 4. 811）
Cfa	0. 060 （0. 718）	0. 064 （1. 498）	1. 103 （1. 786）
Growth	0. 037 * （2. 022）	- 0. 043 *** （ - 4. 617）	0. 197 （1. 432）
Duality	0. 001 （0. 180）	- 0. 008 * （ - 2. 104）	- 0. 070 （ - 1. 350）
Inde	- 0. 090 （ - 1. 279）	- 0. 029 （ - 0. 815）	- 0. 483 （ - 0. 936）
Cage	0. 041 （1. 915）	0. 000 （0. 026）	- 0. 499 ** （ - 3. 153）
Gender	- 0. 017 （ - 1. 509）	0. 022 *** （3. 684）	0. 255 ** （3. 152）
Pc_dum	0. 002 （0. 250）	0. 009 * （2. 133）	- 0. 024 （ - 0. 392）
Share	- 0. 021 （ - 1. 332）	- 0. 050 *** （ - 6. 183）	- 0. 791 *** （ - 6. 902）
Fage	0. 317 *** （3. 081）	- 0. 041 *** （ - 8. 714）	0. 110 （1. 634）
Gdp	- 0. 011 * （ - 2. 436）	0. 026 *** （6. 619）	0. 333 *** （7. 448）

续表

变量	(1) *Constraint*	(2) *Financy*	(3) *Financy*
Year/Ind	控制	控制	控制
F	49.840	74.99	34.520
Adj R²	0.181	0.134	0.135
N	9 705	9 705	9 705

注：* 表示 $p<0.05$，** 表示 $p<0.01$，*** 表示 $p<0.001$，括号内为 t 值。

　　表 4.7 第（1）列是家族控制权配置方式对家族企业融资约束的影响情况，从结果来看，家族控制权配置方式（*FCAM*）与企业融资约束变量（*Constraint*）的估值系数为 0.946，在 0.1% 水平上显著。这表明财富保护型控制权配置方式强化了家族企业的融资约束。表 4.7 第（2）列中，家族控制权配置方式（*FCAM*）与企业投资金融化（*Financy*）的估值系数为 0.276，在 0.1% 水平上显著，表明采用财富保护型控制权配置方式会强化家族企业投资金融化行为。表 4.7 第（3）列可以反映出家族控制权配置方式会强化家族企业投资金融化行为的作用机理：家族控制权配置方式通过融资约束效应和风险规避效应来影响民营企业新增投资。从检验结果来看，家族控制权配置方式（*FCAM*）的估计系数为 0.208，在 0.1% 水平上显著。而前面已经证实家族控制权配置方式（*FCAM*）与企业融资约束变量（*Constraint*）存在显著的同方向变动关系。所以，家族控制权配置方式可以通过融资约束效应对家族企业投资金融化行为产生强化作用。

　　如果家族控制权配置方式只是凭借融资约束效应产生影响，那么就应该在企业融资约束变量（*Constraint*）被控制后，家族控制权配置方式（*FCAM*）的系数变为不显著。但从表 4.7 检验结果来看，企业融资约束变量（*Constraint*）被控制后，家族控制权配置方式（*FCAM*）的估值系数依然显著。这就说明，即使不考虑融资约束效应，家族控制权配置方式（*FCAM*）还是可以对家族企业投资金融化产生正面影响。因此，家族控

· 129 ·

制权配置方式（*FCAM*）影响家族企业投资金融化的作用机制中还包括风险规避效应。那么，这就需要进一步检验哪一种作用机制更重要。

本章采用的检验方式如下：首先，就家族控制权配置方式凭借融资约束效应和风险规避效应所导致的家族企业投资金融化的改变情况，分别进行统计处理。然后，就两种影响效应的重要性进行比较检验。家族控制权配置方式通过风险规避效应引起的家族企业投资金融化的变动情况，反映在模型（4.2c）中家族控制权配置方式（*FCAM*）的估值系数 k 上。通过融资约束效应引起的家族企业投资金融化的改变情况，为模型（4.2c）中融资约束变量（*Constraint*）的估值系数和模型（4.2a）中家族控制权配置方式（*FCAM*）的估值系数 μ 相乘的结果。参考卡梅隆和特里维迪（Cameron & Trivedi，2005）的研究，就两者之间的差异性做进一步检验。其中。除检验 H_1：$k = 0$ 由直接回归进行处理之外，其余均采用 Bootstrap 方法反复抽样 1 000 次得到。检验结果如表 4.8 所示。

表 4.8　　　　　　　　　　融资约束效应与风险规避效应的比较

影响效应	假设	*Financy*
控制权配置方式通过风险规避效应引起的企业投资金融化变动	λ H0：$\lambda = 0$	0. 208 *** （0. 000）
控制权配置方式通过融资约束效应引起的企业投资金融化变动	uv H0：$uv = 0$	0. 289 *** （0. 000）
融资约束效应和风险规避效应所引起的金融化变动之差	$\lambda - uv$ H0：$\lambda - uv = 0$	0. 081 * （0. 025）

注：*表示 $p < 0.05$，** 表示 $p < 0.01$，*** 表示 $p < 0.001$，括号内为 t 值。

表 4.8 显示，家族控制权配置方式（*FCAM*）通过风险规避效应引起的家族企业投资金融化（*Financy*）变动 k 为 0. 208（在 0.1% 水平上显著），而通过融资约束效应引起的家族企业投资金融化（*Financy*）变动 uv 为 0. 289（在 1% 水平上显著），差异性检验 H_0：$\lambda - uv = 0$ 显示，两者差异在 5% 水平上显著，表明融资约束效应占据主导地位，其中融资约束效

应约占控制权配置方式总效应的 58.149% ［0.289/(0.289 + 0.208)］，风险规避效应约占总效应的 41.851%。综合上述分析可以发现，在家族控制权配置方式影响家族企业投资金融化行为的作用机制中，融资约束效应占主导地位。

4.4 本章小结

公司的控制权配置是在特定的所有权结构安排下，公司的治理结构和治理机制中各利益相关者的目标冲突和利益权衡后所形成的一种博弈均衡。掌握控制权的主体不同，那么控制权私有收益的形成、分配和转移过程中所涉及的投资行为方式必然会存在差异，控制权配置方式与企业投资金融化检验结果汇总如表 4.9 所示。

表 4.9　　　　控制权配置方式与企业投资金融化检验结果汇总

假设	检验结果
H2－1：财富保护型控制权配置方式与企业投资金融化显著正相关	成立
H2－2a：财富保护型控制权配置方式通过融资约束效应影响企业投资金融化水平	成立
H2－2b：财富保护型控制权配置方式通过风险规避效应影响企业投资金融化水平	成立
H2－3a：财富保护型控制权配置方式影响企业投资金融化的关键在于融资约束效应	成立
H2－3b：财富保护型控制权配置方式影响企业投资金融化的关键在于风险规避效应	不成立

财富保护型控制权配置方式与家族企业投资金融化显著正相关，即采取财富保护型控制权配置方式的家族企业，其金融化程度更高。进一步检验发现，财富保护型控制权配置方式主要通过融资约束效应和风险规避效应影响家族企业投资金融化。

而融资约束效应和风险规避效应的关键区别在于：融资约束效应在于

财富保护型控制权配置方式会加剧家族企业的融资约束程度，为应对这一财务风险，企业需要通过金融化投资，发挥其"蓄水池"功能，以防止现金流冲击带来的资金链断裂风险。风险规避效应在于财富保护型控制权配置方式会强化家族财富与企业的关联紧密性，为规避家族财富损失风险，企业需要通过配置金融资产以分散风险。

而经验证据表明，尽管财富保护型控制权配置方式的风险规避效应对于影响企业投资金融化发挥了一定的作用，但财富保护型控制权配置方式的融资约束效应占据主导地位，财富保护型控制权配置方式影响家族企业投资金融化的关键在于融资约束效应。

家族企业治理机制建设过程中，应当充分重视家族控制权的优化配置问题。通过对样本企业的家族控制权配置特征分析，发现在当前家族企业中，家族对企业的控制程度更高。而事实上，家族对企业的高度控制并不能保证控制权治理机制的有效发挥。依据不同的制度环境，科学合理配置家族控制权，才能使得控制权治理机制得到有效发挥，进而促使企业改善自身的投资行为。进一步，本章的研究结果表明，企业在不同的家族控制权配置方式下，其投资行为会有差异化的表现。财富保护型的家族控制权配置方式会导致企业投资金融化，进而导致企业投资金融化问题的出现。因此，在家族企业治理机制建设过程中，既要适应公司治理法则的基本要求，更要注意不同控制权配置方式的特性，有针对性地优化家族企业控制权配置，进而改善企业投资行为。

第5章
贫困经历、控制权配置
与家族企业投资金融化

本章是在本书第三章、第四章相关内容的基础上，进一步分析企业家贫困生活经历、控制权配置方式和企业投资金融化之间的关系。在此基础上，实证检验家族企业控制权配置方式是否在企业家贫困生活经历与企业投资金融化之间发挥了中介作用？当具有贫困生活经历的企业家选择了财富保护型家族控制权配置方式之后，企业家贫困生活经历与家族控制权配置方式之间的匹配性如何影响企业投资金融化行为？从而为本书研究的科学问题所分解的关于"企业家贫困生活经历与家族企业控制权配置方式，两者在影响家族企业投资金融化行为方面的相互关系是什么"的问题提供解答和经验证据。

5.1 企业家贫困经历与企业投资金融化：控制权配置的中介效应

在本书前面章节中，假设企业家贫困生活经历会影响家族控制权配置方式的选择（详见第 4 章内容），而家族控制权配置方式又会影响企业投资金融化行为（详见第 5 章内容）。这两个假设在一定程度上隐含着，家族控制权配置方式是企业家贫困生活经历影响家族企业投资金融化的中间转化机制。

家族企业特异性行为的产生需要意愿和能力的统一，两者缺一不可

（De Massis et al.，2014）。而对于家族企业来说，企业家的影响是主导性的。这也就意味着，一方面，企业家的意志偏好是企业投资行为产生的内在动因，另一方面，企业家的控制能力使得其意志偏好能够落实在企业投资决策中，是家族企业投资行为产生的组织保障。家族企业控制权配置方式在很大程度上决定了企业家对企业的掌握情况，是其将自身意志落实到企业投资决策中的组织保障。而企业家通常是家族企业的主导者，因此家族企业的控制权配置在很大程度上会受到企业家个体意志偏好的影响。依据高阶梯队理论，管理者的思想观念、人生经历、价值体系影响其对相关信息的解释，管理者的这些特质会影响其对决策先后的偏好以及对某一特定的决策方案的态度（Hambrick & Mason，1984）。正是人生经历和价值体系的不同（贫困生活经历是重要的人生经历，在很大程度上会影响个体的价值体系），导致了作为主导者的企业家在家族控制权配置方面存在差异，进而影响了企业的投资决策行为。

依据上述逻辑，差异化的人生经历（包括贫困生活经历）导致不同企业家在企业的经营发展过程中，对家族控制权进行了不同的配置，而企业的家族控制权配置方式在很大程度上又会影响家族企业投资决策行为。事实上，从现有文献来看，以往研究从理论上分别肯定了企业家对家族控制权配置方式的影响，以及家族控制权配置方式对家族企业投资行为的影响。但在企业家影响家族企业投资行为的研究中，少有学者将家族控制权配置视为两者间的转化机制。基于此，本书对这一研究不足进行弥补，具体分析如下：

（1）企业家贫困生活经历与家族企业投资金融化。

高阶理论已经表明，企业决策行为具有较强的个性化色彩，受到个性心理的影响。事实上，企业投资金融化投资决策的差异也反映出其个人生活模式和阅历的差异。对于家族企业来说，其投资决策行为事实上是企业主个人意志的体现。早期生活经历不同的企业家，其对于权力、风险和财富安全的态度上存在差异，必然导致其对于风险和财富安全的行为选择上也是存在差异的，这一差异将直接导致其在企业投资金融化投资行为方面存在差异。

　　心理学研究认为，物质资源的客观性与个体主观性是紧密相连的（Lee & Pritzker，2013）。社会财富资源在不同个体之间的差异化分配，使得不同个体对社会资源的占有状况不同。这种差异化的资源分配深刻地影响了个体价值观念和意志偏好（Kraus et al.，2013），形成了不同的典型性格。这些个体的不同特质在其成为企业主之后，同样会影响到企业的投资决策行为。

　　贫困家庭出身的 CEO 在童年时期普遍经历了物质和精神的双重磨难，而这些早期成长经历会持久留存于人的潜意识中，对成年后的行为产生深远影响（马永强等，2019）。理论上，早期贫困生活经历会影响企业家对财富的稀缺心态和风险敏感性，使得企业家既对财富和地位非常渴求，又对风险非常敏感，会放大高风险项目失败的后果，担心失去来之不易的财富和地位，重蹈童年覆辙。

　　心理学研究发现，任何形式的资源稀缺，都会改变个体对该稀缺资源的敏感性，长期的资源约束会形成对稀缺资源的注意力"稀缺心态"，从而影响其认知偏好（Graham et al.，2015），个体面临的物质资源匮乏会使其产生对财富、权力过分关注的"稀缺心态"（Benmelech & Frydman，2015）。所以，早年经历过贫困生活经历的企业家对于财富有着极度渴望的追逐心态。而与此同时，贫困生活也会导致个体遭受物质资源约束和处于相对较低的社会地位，这些会使其心理安全性较低（Kish-Gephart et al.，2015）。较低的心理安全性会使其威胁敏感性较强，自我控制感较弱。这种较高的威胁敏感性和较弱的自我控制感，使其对自身拥有的资源的流失更加敏感，更加注重对自身资源的保护和控制，对风险的规避心态较高（Kraus & Stephens，2012）。具有贫困生活经历的企业家成长过程中对风险的敏感性和对财富权力的"稀缺心态"会持久地潜藏于其潜意识中，进而影响其成为企业决策者后的投资决策选择。

　　而从现有文献研究来看，企业的金融化投资具有"套利"和"蓄水池"两大功能。一方面，金融化投资具有"套利"功能，金融投资具有投资期限短、灵活性强和回收速度快的特征。企业在资金充裕或缺乏净现值为正的投资项目时，出于资本的保值目的，将闲置资金投向金融领域，可提高资本收益和资金利用效率（Sean，1999）。同时，在当下实体经济收益相对较差，而金融投资收益率不断上升的情况下，进行金融投资可以获取相对较高的经济回报。这在一定程度上能够满足具有贫困生活经历的企业家对于财富极度渴望的心态。

另一方面，由于金融化投资可以起到"蓄水池"的作用，当企业面对财务困境时，企业可以利用金融资产的高流动性，通过出售企业的金融资产及时获得大量的流动资金，从而缓解企业所面临的资金压力。此外，企业进行金融资产的配置可以对企业承担的风险进行分散（胡奕明等，2017）。事实上，以金融投资为代表的虚拟经济有着投资缓冲的作用，企业的多元化投资可以明显增加企业的投资收益，并帮助企业分散其经营风险（潘晓影和张长海，2016），在客观上使得企业表现出较多的金融化投资现象。这在一定程度上契合了具有贫困生活经历的企业家的风险规避心态。

综合上述分析，具有贫困生活经历的企业家具有较高的对财富权力的渴望和风险敏感性，而金融化投资所具有的"套利"功能和"蓄水池"功能能够契合具有贫困生活经历的企业家的心态，进而会促使其强化金融化投资行为。基于上述分析，本章提出如下研究假设：

H3－1：具有贫困生活经历的企业家会强化家族企业投资金融化行为。

（2）家族控制权配置方式的中介效应。

现有文献通常认为制度效率在家族企业创建和生存过程中发挥着重要作用（Amit wt al.，2011），家族企业的控制权配置和投资决策内生于制度环境。但仍然难以解释这样一个问题：为什么同一制度环境下的不同家族企业的控制权配置和投资决策依然存在差异？事实上，制度环境对企业内部的影响，归根到底要通过管理者这一重要媒介来实施。根据高阶理论，管理者的思想观念、人生经历、价值体系影响其对相关信息的解释，管理者的这些特质会影响其对决策的偏好以及对某一特定的决策方案的态度（Hambrick & Mason，1984）。从高阶理论出发，可以认为企业内部的决策行为的表现是较易受到个性心理的影响，具有鲜明的个性化色彩。而在家族企业中，其决策通常是由企业家主导的，企业家个体意志偏好通常会影响其对家族企业控制权的配置，配置方式会有所差异。因此，控制权配置的差异也会反映出企业家个人生活模式和阅历的差异（Graham & Narasimhan，2015；Benmelech & Frydman，2015）。

从中国社会发展历程来看，新中国成立至改革开放的三十年实行的是计划经济体制，并不存在真正市场意义上的企业家。改革开放后，企业家的社会来源较为复杂，民营企业家创业之前的社会身份组间差距较大（邹立凯等，2020；朱斌和吕鹏，2020）。从企业家所拥有的家庭社会财富角度来区分的话，可以分为贫困出身的企业家和非贫困出身的企业家。这使得民营企业家群体内部存在明显的组间差异，民营企业家形成了一个分裂的企业家群体，两者之间在资源供给能力和发展信心方面是不同的，进而使其在对企业的控制权配置偏好方面也存在差异。对于非贫困出身的企业家而言，其创业前属于优势地位群体，在社会群体中的客观地位相对较高。地位认同感较高的个体则更加乐观、自信和具有安全感，对未来更加充满信心（Kraus et al.，2011）。而相对于贫困出身的创业者而言，其创业之前的社会地位相对较低，从而其社会地位认同感也低，因此容易缺乏心理安全感，对风险更为敏感（Moore & Dahlia，2003）。强化对企业的家族化控制契合了贫困出身的企业家的风险规避心态。

同时，从不同生活经历的个体所拥有的社会资本情况来看，家庭财富资源不同的个体在社会资本构成状况方面是存在显著差异的。社会资本主要是指个体或组织与外界联系的密度和广度，以及相互之间的互惠和信任程度。从早期的中国社会发展情况来看，富裕的家庭大多具有正式的工作，因此家庭财富资源丰富的个体生活中更多的是与单位同事及其工作相关联的人进行社会交往，其非宗亲的社会关系网络高于农村个体。

相比之下，贫困家庭中的个体与这些人交往相对较少，因此贫困家庭出身的个体对领导同事和弱关系人群的信任程度远低于出身于富裕家庭的个体。在其生活中，宗亲密友、婚姻关系是其主要的社交关系，贫困家庭出身的个体的宗亲社会网络的社交规模和密切程度远高于非贫困家庭出身的个体，这使其对宗亲密友的信任程度更高。这种个体之间所拥有的社会资本差异，使得贫困家庭出身的个体在创业时期所能够给予更高信任，以及其所能够选用的社会资本更有可能是宗亲密友，这也使其在客观层面上呈现出对企业较高的家族化控制现象。

从上述分析可以看出，具有贫困生活经历的企业家更倾向于强化家族对企业的控制，以保护家族财富安全，从而使其呈现出较高的财富保护型控制权配置方式偏好。掌握控制权的主体不同，那么控制权私有收益的形成、分配和转移过程中所涉及的投资行为方式必然会存在差异（窦炜等，2015）。

对于采取财富保护型控制权配置方式的家族企业而言，其对企业家族化控制会使其产生融资约束效应和风险规避效应。从融资约束效应来看，出于对家族财富安全的保护，财富保护型控制权模式通常不太愿意进行外部融资，以防止家族控制权稀释。而且由于对企业的高度控制，使得企业内外部信息不对称程度较高，这在一定程度上限制了企业的融资能力，从而使企业面临较高的融资约束。从风险规避效应来看，企业家采用财富保护型控制权配置方式会使得家族财富与企业的关联性更加紧密，为了规避风险性投资所引发的家族社会情感财富损失，企业会进行金融化投资以分散风险。

而金融化投资具有"蓄水池"功能和"套利"功能。当企业面对财务困境时，企业可以利用金融资产的高流动性，通过出售企业的金融资产及时获得大量的流动资金，从而缓解企业所面临的资金压力。此外，企业进行金融资产的配置可以对企业承担的风险进行分散（胡奕明等，2017）。事实上，以金融投资为代表的虚拟经济具有投资缓冲的作用，企业的多元化投资可以明显增加企业的投资收益，并帮助企业分散其经营风险（潘晓影和张长海，2016）。同时，在当下金融投资收益率不断上升的情况下，进行金融投资可以获取相对较高的经济回报。因此，财富保护型控制权配置方式下的家族企业会更加倾向于进行金融化投资。

综上所述，我们可以得到这样的逻辑线索：企业家早年生活经历会影响其对企业的家族控制权配置选择。具有贫困生活经历的企业家更加倾向于选择财富保护型控制权配置方式。而控制权配置方式不同，其私有收益的形成、分配和转移过程中所涉及的投资行为方式必然会存在差异，财富保护型控制权配置方式下的企业会更加倾向于进行金融化投资。因此，我们认为，企业家贫困生活经历对家族企业投资金融化的影响，部分地可以视作通过影响家族控制权配置方式来实现。基于此，我们提出如下研究假设：

H3－2：家族控制权配置方式在企业家贫困生活经历与家族企业投资金融化关系中发挥中介作用。

5.2　企业家贫困经历与控制权配置的匹配对企业投资金融化的影响

组织权力研究的权变观点认为，没有哪一种组织权力结构具有普遍优越性，而应考虑具体的环境和组织情境（Woodwards et al.，1980）。企业的组织权力结构是否适当并有效可以从该组织权力结构配置是否为企业与其所面对的环境或组织权变因素之间的良好匹配来衡量。企业家是家族企业权力配置的重要决定因素，因此，从家族治理研究来看，企业的家族控制权配置是否适当并有效，可以从该家族控制权配置状况，是否实现了企业与其所面对的组织权变因素之间的良好匹配来衡量。在本章中则归结为，作为家族企业内部治理机制的家族控制权配置，与作为企业领导者的企业家的匹配情况。

一般来讲，尽管匹配有时可能是偶然或运气的结果，但对处于转型经济背景下的中国家族企业来讲，企业家是企业资源微观配置权的主导者，从而能够在一定程度上影响企业的权力配置安排和投资决策行为。因而，企业仍然依赖于企业家个体意志偏好的变化，来调整家族控制权配置，使其成为企业家将其投资意愿落实到企业投资决策行为的重要组织资源。所以，企业的控制权配置方式与企业家本人的意志偏好密不可分，而企业家本人的意志偏好又会受到早期生活经历的影响，这就将上述关系演变为家族企业控制权配置方式与企业家生活经历的匹配。

从上述研究逻辑中我们可以得到这样的启示：一个家族企业如果能够在具有不同早期生活经历的企业家领导下，有选择地强化家族对企业的差异化控制权配置，实现企业家本人与家族控制权配置方式之间的良好匹配，将有利于企业家意志和能力的发挥，使得企业家的投资意愿和实现能力得以统一，最终实现其投资决策行为。

文卡特拉曼（Venkatraman，1989）对"匹配"的概念内涵及其测量方法进行了整理，根据"匹配"概念涉及的变量个数及其测量标准，将"匹配"的观点分成六种情况：多变量的整体有机性（Gestalts）、多变量的协同变异（Covariation）、与理性模式的偏离状况（Profile Deviation）、两个相关变量之间的相配（Match）、调节或交互（Morderate or Interaction）、中介或干预（InterFCAMry or Intervention）（Venkatraman，1989）。从现有研究来看，当研究涉及两个变量之间的匹配并且以效率指标（如有效性、绩效等）作为测量标准时，较多地采用中介或调节的方式。此外，调节或交互的观点较好地反映了一个隐含概念——等效性。当从不同的最初状态出发，通过不同的方式实现最终状态的相同时，这一状况称为等效性（Katz & Kahn，1978）。根据等效性的观点，不同的家族控制权配置方式都可能对企业投资行为后果产生积极影响。企业的投资行为会因为家族控制权配置方式的不同以及家族控制权配置的有效性而产生差异。因此，企业家在选择家族控制权配置方式时，应当具有一定的选择性和灵活性，选择适合企业的家族控制权配置方式。

基于以上分析，本章将匹配视为两个变量的共同作用，即两个变量的交互作用。也就是说，家族企业的企业家可以有针对性地进行控制权配置，而不同生活经历的企业家对企业的家族控制权配置要求不同。并且一般来说，即使企业的家族控制权配置方式再好，也不可能适合于所有具有不同生活经历的企业家。因此，当企业的家族控制权配置方式与具有不同生活经历的企业家相匹配时，企业的某种投资决策行为才会更加凸显。

而鉴于中国当前的转型经济背景下，家族企业正式制度虽然日臻完善但依然欠缺，企业家依然主导家族企业的控制权配置。结合本书前面相关章节的分析内容，我们预期对于具有贫困生活经历的企业家而言，会倾向于选择财富保护型的家族控制权配置方式，而这种控制权配置方式也有助于其将投资金融化意愿落实到企业决策中，从而体现为企业投资的金融化程度较高。基于以上分析，本书提出如下假设：

H3 - 3：具有贫困生活经历的企业家选择财富保护型控制权配置方式会进一步强化家族企业投资金融化行为。

5.3　研究设计

5.3.1　数据来源与样本选择

考虑到自 2007 年我国开始施行新的会计准则，本章以 2008～2020 年沪深上市家族企业作为初始样本。参考维拉隆加和阿密特（Villalonga & Amit，2009）、刘白璐和吕长江（2016）已有研究，将家族企业定义如下：（1）上市公司最终控制人为家族自然人或家族，并且直接或间接是上市公司第一大股东；（2）最终控制人对上市公司具有实质控制权，即直接或间接持有至少 10% 的上市公司投票权；（3）至少有一名家族成员在企业高管层任职。初始样本经过以下程序删选：（1）剔除了公共事业类、金融类企业；（2）剔除了ST、*ST的企业；（3）剔除了相关指标数据严重缺失的样本；（4）为规避异常值可能带来的影响，对所有连续变量进行了上下1%的winsorize处理。最终获得1088家企业，9705个观测值。本章数据主要来源于手工整理数据和相关数据库数据，其中，相关财务数据来源于CSMAR、CNRDS数据库；企业家信息数据主要通过年报、公司官网、百度搜索等方式获取；宏观经济数据来源于历年各省《国民经济和社会发展统计公报》。在数据收集整理过程中，为了保证数据的准确性和一致性，本章对从不同途径所获取的数据进行了对比分析。

5.3.2　变量界定

（1）被解释变量，企业投资金融化（*Financy*），借鉴杜勇（2017）的做法，对于企业投资金融化的测量，采用企业持有的金融资产比例来表示投资金融化的程度。根据相关会计准则，本章将企业资产负债表中披露的交易性金融资产、衍生金融资产、发放贷款及垫款净额、可供出售金融资产净额、持有至到期投资净额、投资性房地产净额都纳入金融资产的范畴。这里需要进行一点补充说明，货币资金本身也属于金融资产的一种，但由于企业在日常经营活动中也会产生货币，将货币资金纳入金融资产的范畴，会对本章的研究结论产生影响，基于此，未把货币资金考量为金融资产。此外，参考宋军和陆旸（2015）的研究，现代房地产行业已在逐步脱离实体经济的行列，房地产行业具有虚拟化特征，房地产行业的资金大量用于投机炒作而非经营生产，在根据《企业会计准则第3号——投资性房地产》对投资型房地产的定义，投资性房地产能较好地衡量实体企业房地产投资的情况，综上分析，本章将投资性房地产净额项目纳入金融资产的范畴，进而对企业投资金融化进行衡量。

企业投资金融化程度（*Fin*）的计算公式为：*Fin* =（交易性金融资产＋衍生金融资产＋发放贷款及垫款净额＋可供出售金融资产净额＋持有至到期投资净额＋投资性房地产净额）/总资产，数值越高代表企业投资金融化程度越高。

（2）解释变量，企业家贫困生活经历（Entrepreneur Poverty Experience，EPE）。本章中的企业家主要是指企业的创始人或实际控制人（自然人）。参考许年行和李哲（2016）、马永强等（2019）的研究，将出生于贫困地区或贫困家庭的企业家界定为有贫困生活经历的企业家。在已有文献基础，贫困地区的判定以国务院扶贫办披露的 1994 年、2001 年、2012 年国家扶贫工作重点县名单和 2012 年集中连片特殊困难地区分县名单为标准。

为尽可能地补全企业家的出生地信息，本章在 CSMAR 数据库的基础上，通过百度搜索引擎、企业官网、新浪人物等网站，手工检索企业家的出生地信息。若企业家出生于国家级贫困县，则定义该企业家具有贫困生活经历。同时，本章还通过网络查阅关于企业家的媒体报道，如果企业家在报道中自述出身贫困家庭，则定义该企业家具有贫困生活经历。具有上述两种贫困生活经历的企业家，将 EPE 取值为 1，否则取值为 0。

（3）中介变量，家族控制权配置方式（Family Control Allocation Mode，FCAM）。根据前面的分析，参考肯姆和奥德米尔的研究，主要从家族对企业的所有权、决策控制权和管理权三个方面对家族控制权配置方式进行度量，具体如下：

所有权（*Equity*）：主要考察家族持股比例是否超过样本均值，超过样本均值的赋值 1，否则为 0。

决策控制权（*Decision*）：董事会中的家族成员比例是否超过样本均值，超过样本均值的赋值 1，否则为 0。

管理权（*Manage*）：CEO 由本人或家族成员担任则赋值 1，否则为 0。

在上述基本测量的基础上构建家族控制权配置方式的综合指标：首先，采用主成分分析法将上述三个指标提取一个公因子；其次，将公因子得分采用中位数作为区分，中位数之上赋值 1，表示家族对企业具有高度的控制权偏好，将其视为财富保护型控制权配置方式；中位数以下的赋值 0，表示家族引入更多的非家族力量进入企业中，借助外力共同创造财富，因此将其视为财富创造型控制权配置方式。

（4）控制变量，参考现有相关文献，本章控制变量包括：企业规模（$Size$）、资产负债率（Lev）、盈利能力（Roa）、现金流水平（Cfa）、销售收入增长率（$Growth$）、领导权结构（$Duality$）、独立董事比例（$Inde$）、企业家年龄（$Cage$）、企业家性别（$Gender$）、企业家政治关联情况（Pc_dum）、机构持股比例（$Share$）、企业年龄（$Fage$）、地区经济状况（GDP），此外还控制了行业和年份效应，具体变量定义见表5.1。

表5.1　　　　　　　　　　　　　　变量定义

名称	变量	内容
企业投资金融化	$Financy$	（交易性金融资产＋衍生金融资产＋发放贷款及垫款净额＋可供出售金融资产净额＋持有至到期投资净额＋投资性房地产净额）/总资产，数值越高代表企业投资金融化程度越高
企业家贫困经历	EPE	当企业家出生于贫困地区或贫困家庭时，视为具有贫困经历，赋值为1，否则为0
家族控制权配置	$FCAM$	采用主成分分析法从家族对企业的所有权、决策控制权和管理权三方面提取公因子，将公因子得分采用中位数作为区分，中位数之上赋值1，表示家族对企业具有高度的控制权偏好，将其视为财富保护型控制权配置方式；中位数以下的赋值为0，将其视为财富创造型控制权配置方式
企业规模	$Size$	企业总资产的自然对数
资产负债率	Lev	总负债/总资产
总资产收益率	Roa	净利润/资产总额平均值
现金流水平	Cfa	经营活动现金净流量/资产总额
销售收入增长率	$Growth$	（本年销售收入－上年销售收入）/上年销售收入
两职合一	$Duality$	董事长和总经理两职合一取1，否则为0
独立董事比例	$Inde$	独立董事人数/董事会总人数
企业家年龄	$Cage$	调查年份减去企业家出生年份取自然对数
企业家性别	$Gender$	企业家性别为男性则为1，否则为0
政治关联	Pc_dum	企业家是否人大代表或政协委员，是取值为1，否则为0

名称	变量	内容
机构投资者持股比例	*Share*	机构投资者持股实际比例
企业年龄	*Fage*	调查年份减去企业成立年份
地区经济状况	*Gdp*	所在地区人均 *GDP* 的自然对数
行业	*Ind*	所在行业哑变量
年份	*Year*	年份

5.4　统计检验结果分析

5.4.1　描述性统计

表 5.2 列示了主要变量的描述性统计结果。企业投资金融化（*Financy*）的平均值为 0.071，标准差为 0.178，这表明不同企业之间在金融化方面存在较大差异。家族控制权配置方式（*FCAM*）的均值是 0.583，标准差为 0.493，表明样本企业中有 58.3% 的企业选择了财富保护型控制权配置方式，同时也说明不同企业在家族控制权配置方式方面存在一定差异。其他变量的描述性统计情况见表 5.2。

表 5.2　　　　　　　　　　　　　　描述性统计

变量	*Mean*	*Sd*	*Min*	P_{25}	P_{50}	P_{75}	*Max*
FCAM	0.583	0.493	0.000	0.000	1.000	1.000	1.000
EPE	0.293	0.417	0.000	0.000	1.000	1.000	1.000
Financy	0.071	0.178	0.000	0.000	0.005	0.040	0.497
Size	21.560	1.012	19.610	20.820	21.430	22.160	24.600

续表

变量	Mean	Sd	Min	P_{25}	P_{50}	P_{75}	Max
Lev	0.329	0.178	0.037	0.184	0.309	0.458	0.987
Roa	0.065	0.043	0.003	0.035	0.059	0.087	0.786
Cfa	0.064	0.045	0.002	0.031	0.056	0.089	0.518
Growth	0.127	0.188	0.000	0.000	0.047	0.163	0.859
Duality	0.418	0.493	0.000	0.000	0.000	1.000	1.000
Inde	0.373	0.047	0.333	0.333	0.333	0.429	0.500
Cage	3.897	0.162	3.401	3.807	3.892	4.007	4.262
Gender	0.909	0.288	0.000	1.000	1.000	1.000	1.000
Pc_dum	0.218	0.413	0.000	0.000	0.000	0.000	1.000
Share	0.337	0.242	0.000	0.119	0.300	0.550	0.782
Fage	2.620	0.441	1.099	2.398	2.708	2.944	3.367
Gdp	9.891	0.780	7.960	9.472	10.080	10.470	11.200

表 5.3 是主要变量的相关系数情况，从数据结果来看，家族控制权配置方式（FCAM）与企业投资金融化（Financy）显著正相关，表明财富保护型控制权配置方式会强化家族企业投资金融化程度，这初步验证了本章的研究假设 H3-1，但各变量之间关系的强度和方向，以及家族控制权配置方式与家族企业投资金融化之间的关系还需利用一系列多元回归分析进一步检验。

表 5.3　　　　　　　　　　　相关系数表

变量	Financy	FCAM	EPE	Size	Lev	Roa	Cfa
Financy	1.000						
FCAM	0.188 ***	1.000					
EPE	0.057 ***	0.023 **	1.000				
Size	-0.022 **	-0.215 ***	-0.069 ***	1.000			

续表

变量	Financy	FCAM	EPE	Size	Lev	Roa	Cfa
Lev	− 0. 021 **	− 0. 207 ***	− 0. 038 ***	0. 386 ***	1. 000		
Roa	0. 001	0. 121 ***	− 0. 008	− 0. 128 ***	− 0. 337 ***	1. 000	
Cfa	0. 005	− 0. 012	0. 039 ***	− 0. 043 ***	− 0. 099 ***	0. 324 ***	1. 000
Growth	− 0. 078 ***	0. 020 **	− 0. 045 ***	0. 148 ***	0. 085 ***	− 0. 044 ***	− 0. 086 ***
Duality	0. 028 ***	0. 278 ***	− 0. 108 ***	− 0. 131 ***	− 0. 102 ***	0. 075 ***	− 0. 004
Inde	− 0. 004	0. 039 ***	− 0. 034 ***	0. 015	0. 004	0. 002	0. 001
Cage	− 0. 008	− 0. 003	0. 358 ***	− 0. 033 ***	− 0. 051 ***	0. 022 **	0. 071 ***
Gender	0. 037 ***	0. 010	0. 020 **	0. 065 ***	0. 058 ***	− 0. 026 **	− 0. 010
Pc_dum	0. 025 **	− 0. 022 **	0. 090 ***	0. 096 ***	0. 043 ***	− 0. 060 ***	− 0. 012
Share	− 0. 127 ***	− 0. 366 ***	0. 017 *	0. 227 ***	0. 154 ***	0. 030 ***	0. 081 ***
Fage	− 0. 188 ***	− 0. 081 ***	− 0. 029 ***	0. 229 ***	0. 159 ***	− 0. 047 ***	0. 046 ***
Gdp	0. 125 ***	− 0. 038 ***	0. 002	0. 068 ***	0. 068 ***	0. 017	0. 048 ***

变量	Growth	Duality	Inde	Cage	Gender	Pc_dum	Share	Fage
Growth	1. 000							
Duality	− 0. 031 ***	1. 000						
Inde	0. 008	0. 020 **	1. 000					
Cage	− 0. 049 ***	− 0. 130 ***	− 0. 015	1. 000				
Gender	− 0. 012	− 0. 027 ***	− 0. 001	0. 079 ***	1. 000			
Pc_dum	0. 009	− 0. 045 ***	− 0. 011	0. 109 ***	0. 035 ***	1. 000		
Share	− 0. 015	− 0. 069 ***	− 0. 010	0. 072 ***	0. 020 *	0. 032 ***	1. 000	
Fage	0. 127 ***	− 0. 054 ***	− 0. 010	0. 122 ***	0. 032 ***	0. 020 *	0. 047 ***	1. 000
Gdp	− 0. 156 ***	0. 009	− 0. 021 **	0. 040 ***	0. 004	− 0. 018 *	0. 053 ***	− 0. 053 ***

注：* 表示 $p < 0.05$，** 表示 $p < 0.01$，*** 表示 $p < 0.001$。

表 5.4 报告了主要变量的单变量检验结果。两样本的均值和中位数差异检验分别基于参数 T 检验和 Wilcoxon 检验。具有贫困生活经历的样本组的企业投资金融化均值和中位数均显著高于没有贫困生活经历的样本组，

初步验证了假设 H3 – 1。

表 5. 4　　　　　　　　　　单变量差异性检验结果

变量	不具有贫困生活经历 (N = 7536)		具有贫困生活经历 (N = 2169)		检验结果	
	(1) Mean	(2) FCAMn	(3) Mean	(4) FCAMn	(1) – (3) T-Test	(2) – (4) Wilcoxon Test
Financy	0.066	0.003	0.090	0.006	– 0.024 ***	– 0.003 ***
Edu	0.471	0.000	0.307	0.000	0.164 ***	0.000 ***
System	0.416	0.000	0.399	0.000	0.017	0.000
Army	0.135	0.000	0.236	0.000	– 0.101 ***	0.000 ***
Financy	0.066	0.006	0.090	0.003	– 0.024 ***	0.003 ***
Constraint	3.689	3.682	3.677	3.664	0.012	0.018 ***
Size	21.590	21.480	21.430	21.270	0.160 ***	0.210 ***
Lev	0.333	0.314	0.317	0.290	0.016 ***	0.024 ***
Roa	0.065	0.059	0.065	0.058	0.000	0.001
Cfa	0.063	0.055	0.067	0.060	– 0.004 ***	– 0.005 ***
Growth	0.132	0.049	0.111	0.040	0.021 ***	0.009 ***
Duality	0.447	0.000	0.319	0.000	0.128 ***	0.000 ***
Inde	0.374	0.333	0.370	0.333	0.004 ***	0.000 ***
Ceo-age	3.848	3.850	4.065	4.060	– 0.217 ***	– 0.210 ***
Gender	0.905	1.000	0.919	1.000	– 0.014 **	0.000
Pc_dum	0.198	0.000	0.287	0.000	– 0.089 ***	0.000 ***
Share	0.335	0.297	0.345	0.319	– 0.010 *	– 0.022
Age	2.627	2.708	2.596	2.639	0.031 ***	0.069
Gdp	9.890	10.050	9.894	10.150	– 0.004	– 0.100 ***

5.4.2　统计检验结果分析

首先，我们对假设 H3 – 1 进行了检验，检验结果见表 5.5。表中第

（1）列显示，企业家贫困生活经历（*EPE*）与家族企业投资金融化（*Fi-nancy*）的估值系数为 0.035，且在 0.1% 水平上显著。上述结果表明，具有贫困生活经历的企业家会强化家族企业投资金融化行为，假设 H3 - 1 得到支持。

表 5.5　　　　贫困经历、控制权配置与家族企业投资金融化

变量	（1） *Financy*	（2） *FCAM*	（3） *Financy*	（4） *Financy*
常数项	- 0. 129 (- 1. 707)	0. 869 *** (6. 841)	- 0. 347 *** (- 4. 975)	- 0. 263 *** (- 3. 528)
EPE	0. 035 *** (4. 445)	0. 522 *** (6. 785)		0. 021 ** (3. 209)
FCAM			0. 276 *** (8. 086)	0. 075 *** (7. 831)
Size	0. 014 *** (6. 423)	- 0. 314 *** (- 9. 524)	0. 017 *** (8. 271)	0. 017 *** (8. 230)
Lev	- 0. 024 (- 1. 958)	- 0. 357 * (- 2. 002)	- 0. 019 (- 1. 556)	- 0. 018 (- 1. 525)
Roa	- 0. 026 (- 0. 550)	7. 012 *** (9. 068)	- 0. 116 * (- 2. 472)	- 0. 112 * (- 2. 391)
Cfa	0. 042 (0. 974)	- 1. 411 * (- 2. 185)	0. 064 (1. 498)	0. 061 (1. 438)
Growth	- 0. 036 *** (- 3. 819)	0. 555 *** (3. 873)	- 0. 043 *** (- 4. 617)	- 0. 043 *** (- 4. 619)
Duality	0. 009 * (2. 558)	1. 329 *** (3. 424)	- 0. 008 * (- 2. 104)	- 0. 007 * (- 1. 963)
Inde	- 0. 005 (- 0. 146)	1. 627 ** (2. 948)	- 0. 029 (- 0. 815)	- 0. 026 (- 0. 726)
Cage	- 0. 020 (- 1. 502)	0. 260 (1. 246)	0. 000 (0. 026)	- 0. 023 (- 1. 759)
Gender	0. 027 *** (4. 460)	0. 380 *** (3. 952)	0. 022 *** (3. 684)	0. 022 *** (3. 789)
Pc_dum	0. 011 * (2. 488)	0. 160 * (2. 534)	0. 009 * (2. 133)	0. 009 * (2. 078)

续表

变量	（1） *Financy*	（2） *FCAM*	（3） *Financy*	（4） *Financy*
Share	-0.113 *** （-5.108）	-1.620 *** （-7.644）	-0.050 *** （-6.183）	-0.050 *** （-6.156）
Fage	-0.051 *** （-6.930）	-0.867 *** （-8.942）	-0.041 *** （-8.714）	-0.040 *** （-8.717）
Gdp	0.025 *** （5.844）	-0.105 ** （-3.104）	0.026 *** （6.619）	0.026 *** （6.619）
Year/Ind	控制	控制	控制	控制
F	27.140		74.99	34.480
Adj R^2	0.106		0.134	0.134
LR chi2		875.300		
Prob > chi2		0.000		
N	9 705	9 705		9 705

注：* 表示 $p < 0.05$，** 表示 $p < 0.01$，*** 表示 $p < 0.001$，括号内为 t 值。

其次，我们对假设 H3-2 进行了检验，检验结果如表5.5 所示。表中第（1）列的数据结果已经表明，具有贫困生活经历的企业家会强化家族企业投资金融化行为。在第（2）列中，企业家贫困生活经历（EPE）与家族控制权配置方式（FCAM）的估值系数为0.522，在0.1% 水平上显著。在表5.5 第（3）列中，家族控制权配置方式（FCAM）与家族企业投资金融化（Financy）的估值系数为0.276，且在0.1% 水平上显著。在表5.5 第（4）列中，我们将企业家贫困生活经历（EPE）与家族控制权配置方式（FCAM）纳入同一方程进行检验，企业家贫困生活经历（EPE）的估值系数在1% 的水平上显著为正，估值系数为0.021，家族控制权配置方式（FCAM）的估值系数在0.1% 的水平上显著为正，估值系数为0.075。

比较第（1）列和第（4）列的数据可以发现，当加入家族控制权配置方式（FCAM）变量后，家族控制权配置方式（FCAM）与家族企业投资金融化（*Financy*）的正相关关系依然在 1% 的显著性水平上成立，但估值系数明显减弱（由 0.035 降低到 0.021），这表明家族控制权配置方式（*FCAM*）在企业家贫困生活经历（*EPE*）与家族企业投资金融化（*Financy*）的关系中发挥了中介作用。

在上述检验的基础上，本章进一步采取了 KHB 方法进行中介效应检验。该方法的优点是可以准确估计出中介变量的效应并测算贡献率。基于 KHB 方法的中介效应检验结果见表 5.6。输出显示了简化模型（*Reduced*）的估计效果、完整模型（*Full*）的估计效果以及两者的估计差异（*Diff*）。简化模型（*Reduced*）的估计效应为总效应，完整模型（*Full*）的估计效应为直接效应，估计的差异称为间接效应。由表 5.6 可知，企业家贫困生活经历会使企业投资金融化的概率增加 0.035。在控制家族控制权配置方式的情况下，企业家贫困生活经历使企业投资金融化的概率降低到 0.021，留下了 0.014 的间接影响，对总效应的贡献率为 40%。

表 5.6　　　　　　　　　基于 KHB 方法的中介机制检验

变量	(1) *Financy*	(2) *Financy*	(3) *Financy*
Reduced	0.025 *** (5.774)	0.029 *** (5.670)	0.035 *** (4.445)
Full	0.015 *** (5.347)	0.018 *** (5.219)	0.021 ** (3.209)
Diff	0.010 * (2.228)	0.011 ** (2.905)	0.014 *** (6.326)
Year/Ind	不控制	不控制	控制
N	9 705	9 705	9 705
Conf_ratio	1.667	1.611	1.667
贡献率	40.000%	37.931%	40.000%

注：* 表示 $p < 0.05$，** 表示 $p < 0.01$，*** 表示 $p < 0.001$，括号内为 t 值。中介效应贡献率为中介效应在总效应中的占比，KHB 法只对效应系数进行显著性检验。

最后，我们对假设 H3 - 3 进行了检验，如前面所述，调节或交互的观点较好地反映了一个隐含概念——等效性。当从不同的最初状态出发，通过不同的方式实现最终状态的相同时，这一状况称为等效性（Katz & Kahn，1978）。根据等效性的观点，不同贫困经历的企业家与控制权配置的匹配都可能对企业投资行为产生影响。企业投资金融化投资行为不仅依赖于企业控制权配置，更依赖于不同贫困经历的企业家与控制权配置的匹配的有效性。基于此，本章将匹配视为两个变量的共同作用，即两个变量的调节或交互作用。检验结果如表 5.7 所示。在表 5.7 第（1）列中，企业家贫困生活经历（*EPE*）与家族控制权配置方式（*FCAM*）的交互项估值系数显著为 0.059，在 0.1% 水平上显著。这表明具有贫困生活经历的企业家选择财富保护型控制权配置方式会进一步强化家族企业投资金融化程度。假设 H3 - 3 得到验证。

表 5.7   **贫困经历与控制权配置方式的匹配性**

变量	（1） *Financy*	（2） *Financy* *FCAM* = 1	（3） *Financy* *FCAM* = 0
常数项	- 0.242 ** (- 3.255)	- 0.419 ** (- 3.061)	- 0.028 (- 0.755)
EPE	0.018 ** (2.627)	0.020 * (2.134)	0.001 (0.232)
EPE × *FCAM*	0.059 *** (7.126)		
FCAM	0.062 *** (3.531)		
Size	0.017 *** (8.066)	0.025 *** (7.436)	0.003 * (2.273)
Lev	- 0.015 (- 1.232)	- 0.009 (- 0.414)	- 0.009 (- 1.384)
Roa	- 0.107 * (- 2.273)	- 0.161 (- 1.924)	0.004 (0.129)

续表

变量	（1） *Financy*	（2） *Financy* *FCAM* = 1	（3） *Financy* *FCAM* = 0
Cfa	0.058 （1.350）	0.118 （1.541）	− 0.002 （− 0.082）
Growth	− 0.040 *** （− 4.222）	− 0.051 *** （− 4.732）	0.006 （1.053）
Duality	− 0.006 （− 1.763）	− 0.006 （− 1.005）	0.002 （0.796）
Inde	− 0.033 （− 0.905）	− 0.025 （− 0.449）	0.011 （0.539）
Cage	− 0.026 （− 1.954）	0.008 （0.359）	− 0.015 * （− 2.201）
Gender	0.025 *** （4.188）	0.031 *** （3.779）	0.007 * （2.333）
Pc_dum	0.008 （1.948）	0.011 （1.546）	0.001 （0.538）
Share	− 0.047 *** （− 5.785）	− 0.057 *** （− 4.708）	− 0.011 * （− 2.457）
Fage	− 0.042 *** （− 9.048）	− 0.068 *** （− 7.254）	0.015 *** （6.923）
Gdp	0.027 *** （4.883）	0.048 *** （5.523）	0.002 （1.477）
Year/Ind	控制	控制	控制
F	35.010	35.620	11.640
Adj R^2	0.139	0.212	0.104
N	9 705	5 655	4 050
b1-b0		0.019	
Chi2		38.360	
p-value		0.000	

注：* 表示 $p < 0.05$，** 表示 $p < 0.01$，*** 表示 $p < 0.001$，括号内为 t 值。

5.5 本章小结

企业家早年贫困生活经历影响其对于家族企业的控制权配置方式选择，而家族控制权配置方式作为一种重要的治理机制，直接关系到企业家个体投资偏好的有效落实，并最终会影响企业的金融化行为。因而，企业家贫困生活经历对于企业投资金融化的影响，部分的可视为通过影响企业的家族控制权配置方式来实现。

检验结果如表5.8所示，具有贫困生活经历的企业家所在的家族企业具有更高的金融化程度，其中，具有贫困生活经历的企业家会选择财富保护型控制权配置方式，而财富保护型控制权配置方式与家族企业投资金融化程度显著正相关。因此，财富保护型控制权配置方式在企业家贫困生活经历与家族企业投资金融化关系中发挥了中介效应。

表5.8　企业家贫困生活经历、控制权配置与企业投资金融化检验结果

假设	检验结果
H3-1：具有贫困生活经历的企业家会强化家族企业投资金融化行为	成立
H3-2：家族控制权配置方式在企业家贫困生活经历与家族企业投资金融化关系中发挥中介作用	成立
H3-3：具有贫困生活经历的企业家选择财富保护型控制权配置方式会进一步强化家族企业投资金融化行为	成立

同时，研究还发现，具有不同生活经历的企业家会有选择地强化家族控制权的不同配置，而实现企业家与家族控制权配置之间的良好匹配，有助于企业家将个体投资意愿落实到企业投资决策中，表现为企业投资行为。研究结果表明，具有贫困生活经历的企业家选择财富保护型控制权配

置方式，会强化家族企业投资金融化行为。

　　因此，在家族企业发展过程中，企业家自身要积极克服早期生活经历可能带来的烙印效应，增强决策理性。经过多年的发展，中国家族企业的一代创始人已经步入退休高峰期，家族企业即将迎来企业权力的交接和继承，然而在这些企业中，家族既需要保证对企业所有权的控制，又要在此基础上谋求企业的未来发展，二者之间存在着矛盾。在企业发展与控制之间，大多数家族企业家因为早年生活经历的影响，选择保留了家族的控制权，从而放弃了稀释控制权带来的企业高成长率。而从长期来看，这种选择在一定程度上阻碍了家族企业的现代化治理转型，也使得企业投资行为出现金融化倾向。因此，作为家族企业的主导者，企业家要清醒地认识到自身决策可能会受到早期生活经历的影响，克服决策过程中的非理性因素的影响，增加决策理性，积极推进家族企业治理机制优化和投资决策科学性。

第6章
研究结论与建议

本章旨在对全书研究结果进行综合性总结。首先，概括和总结本书理论分析和实证检验的主要结论。然后，归纳研究所获得的启示，并提出相应的对策建议。最后，根据本书的具体研究情况，指出研究的局限性及未来可能获得突破的方向。

6.1　主要研究结论

本书围绕所提炼的科学问题："企业家早年贫困经历究竟如何影响家族控制权配置选择，进而影响家族企业投资金融化行为，其深层次的作用机理是什么？"，运用家族企业治理领域具有代表性的烙印理论等相关成果，以2008～2020年中国上市家族企业为研究样本，解读在当前经济新常态下，企业家早年的家庭生活经历如何影响家族控制权配置，并进而影响家族企业投资金融化行为的内在逻辑。以此还原、解构和丰富中国家族企业控制权配置偏好的产生动机及其与企业投资金融化行为关系的动态实践，主要研究结论如下。

（1）企业家贫困经历与家族控制权配置的关系。

企业家作为家族企业的主导者，其个体意志偏好在很大程度上会影响家族控制权配置方式。而企业家个体意志偏好与其早年家庭生活经历密切相关，因此，企业家早年贫困经历在很大程度上会影响其对于家族企业控制权配置方式的选择，检验结果显示：

在其他条件一定的情况下，具有贫困生活经历的企业家对企业有更强的家族控制权偏好，更有可能采取财富保护型控制权配置方式，两者之间的关系会受到教育经历、工作经历和参军经历等因素的调节性影响。高等教育经历会削弱企业家的贫困生活经历与财富保护型控制权配置方式偏好之间的正向关系，企业家的贫困生活经历与财富保护型控制权配置方式偏好之间的正向关系在没有接受过高等教育的企业家群体中更显著；体制内工作经历会削弱企业家的贫困生活经历与财富保护型控制权配置方式偏好之间的正向关系，企业家的贫困生活经历与财富保护型控制权配置方式偏好之间的正向关系在缺乏体制内工作经历的企业家群体中更显著；参军经历会削弱企业家的贫困生活经历与财富保护型控制权配置方式偏好之间的正向关系，企业家的贫困生活经历与财富保护型控制权配置方式偏好之间的正向关系在没有过参军经历的企业家群体中更显著。

进一步检验发现，在市场化程度较低的地区，企业家的贫困生活经历与财富保护型控制权配置方式偏好之间的正向关系更显著；在缺乏政治关联的企业家群体中，财富保护型控制权配置方式偏好之间的正向关系更显著。

（2）家族控制权配置方式影响企业投资效率的机制。

公司的控制权配置是在特定的所有权结构安排下，公司的治理结构和治理机制中各利益相关者的目标冲突和利益权衡后所形成的一种博弈均衡。掌握控制权的主体不同，控制权私有收益的形成、分配和转移过程中所涉及的投资行为方式必然会存在差异，实证检验结果发现：

财富保护型控制权配置方式与家族企业投资金融化水平显著正相关，即采取财富保护型控制权配置方式的家族企业，其投资金融化程度更高。进一步检验发现，财富保护型控制权配置方式主要通过融资约束效应和风险规避效应影响家族企业投资金融化。

而融资约束效应和风险规避效应的关键区别表现在：融资约束效应在

于财富保护型控制权配置方式会加剧家族企业的融资约束程度，为应对这一财务风险，企业需要通过金融化投资，发挥其"蓄水池"功能，以防止现金流冲击带来的资金链断裂风险。风险规避效应在于财富保护型控制权配置方式会强化家族财富与企业的关联紧密性，为规避家族财富损失风险，企业需要通过配置金融资产以分散风险。

而本书的实证检验结果表明，尽管财富保护型控制权配置方式的风险规避效应对家族企业投资金融化发挥了一定的促进作用，但财富保护型控制权配置方式的融资约束效应占据主导地位，即财富保护型控制权配置方式影响家族企业投资金融化的关键在于融资约束效应。

（3）企业家贫困经历与控制权配置在影响家族企业投资金融化方面的关系。

企业家早年贫困生活经历影响其对于家族企业的控制权配置方式选择，而家族控制权配置方式作为一种重要的治理机制，直接关系到企业家个体投资偏好的有效落实，并最终会影响企业的投资金融化行为。因而，企业家的贫困生活经历对于企业投资金融化的影响，部分地可视为通过影响企业的家族控制权配置方式来实现。

检验结果显示，具有贫困生活经历的企业家所在的家族企业具有更高的投资金融化程度。其中，具有贫困生活经历的企业家会选择财富保护型控制权配置方式，而财富保护型控制权配置方式与家族企业投资金融化程度显著正相关。因此，财富保护型控制权配置方式在企业家贫困生活经历与家族企业投资金融化关系中发挥了中介效应。

同时，研究还发现，具有不同家庭生活经历的企业家会有选择地强化家族控制权的不同配置，而实现企业家与家族控制权配置之间的良好匹配，会有助于企业家将个体投资意愿落实到企业投资决策中。研究结果表明，具有贫困生活经历的企业家选择财富保护型控制权配置方式，进而会强化家族企业的投资金融化行为。

6.2　对策建议

改革开放以来，在中国民营家族企业蓬勃发展的 40 年历程中，有一条清晰的逻辑线索，就是在家族企业中建立现代企业制度，提升家族企业竞争力。这一逻辑线索本质上表现为通过强调公司治理尤其是法人治理结构建设，来提高家族企业的资本配置效率。而公司治理的核心内涵，是在内外部治理机制共同作用下，实现决策权力制衡和决策科学化（李维安，2001）。也就是说，对家族企业而言，实现决策权力的优化配置和科学决策是提高家族企业资本配置效率的一项必要条件。而与家族企业资本配置效率问题最紧密相关的战略决策是投资决策。家族企业的投资决策问题也一直是学术界研究的热点问题。而当前中国宏观经济发展的下行压力，使得该问题的重要性再次凸显。因此，当前家族企业改革研究中的一个关键问题，就是家族企业在法人治理结构框架中如何优化决策权配置，进而改善投资决策质量及其经济后果。

关于决策权配置问题，主要是通过现代公司治理架构中所有权和控制权的分离演化而来的（李维安，2013）。而家族企业在其发展过程中，由于其高度的所有权集中化和家族的高度涉入，使其决策机制实际上多为"一言堂"，从而在很大程度上影响了企业投资决策质量及其经济后果。而近年来，家族企业投资表现出较高的金融化水平，在很大程度上是家族企业决策权配置机制的直接反映。

家族企业投资金融化是企业趋利行为的必然体现，但同时也呈现着不同的个体、区域甚至文化差异。根据已有研究的观点，家族企业特异性行为的产生需要意愿和能力的统一，两者缺一不可（De Massis et al.，2014）。而对于家族企业来说，企业家的影响是主导性的。这也就意味着，一方面，企业家的意志偏好是企业投资行为产生的内在动因，另一方面，企业家的控制能力使得其意志偏好能够落实在企业投资决策中，是家族企业投资行为产生的组织保障。对于家族企业来说，其控制权配置事实上是企业主个人意志的体现。出身于不同社会阶层的企业主，其对于权力、风险和财富安全的态度上存在差异，必然导致其在如何控制权力、风险和财富安全的行为选择上也是存在差异的，这一差异将直接导致其在企业控制权配置选择与投资决策行为方面的不同。

本书的研究结果表明，企业家早年家庭生活经历会对家族企业的控制权配置以及投资决策行为产生重要影响。有过贫困生活经历的企业家，受到早年贫困生活"烙印"的影响，会产生对财富的极度渴求和高度的风险规避心态，这将促使其在对家族企业的控制方面采取财富保护型的家族控制权配置方式。而财富保护型的家族控制权配置方式会产生融资约束效应和风险规避效应，进而导致企业投资金融化行为较为凸显。这一结论在一定程度上意味着，在当前企业投资呈现金融化的状态下，促使家族企业提升治理有效性和投资科学性，减少投资金融化行为需要在两个方面有所突破：一是通过强化外部治理机制建设，缓解企业家的风险敏感性，促进家族企业治理的现代化转型；二是企业家自身也要注意克服早期生活经历的烙印效应，优化家族控制权配置，实现家族控制和企业可持续发展双重目标的融合。结合相关文献研究和本书的研究结果，我们提出如下建议：

（1）积极促进地方政府转变思想观念，加快由传统的政府统治职能向现代政府治理职能的转变，为企业发展提供良好的市场生态环境和外部治理机制。尽管企业家主导着家族企业控制权配置，但也不能否认企业生存的外部制度环境对企业内部治理机制的重要性。如果外部制度环境能够缓解企业家对家族财富安全的风险敏感性，就会在一定程度上降低其对于企业的家族控制程度。政府所提供的公共治理制度对企业而言主要发挥外部治理机制的作用。当政府所提供的正式制度能够发挥某种治理作用时，企业内部如果再配置发挥相似治理作用的家族控制权，则不一定会增加企业的治理收益，或者仅仅是一种不必要的成本支出。因此，当政府所提供的正式制度能够从外部对企业发挥某种有效的治理作用时，企业就没有必要在家族企业发展过程中，继续强化能够发挥相似治理作用的某一维度的控制权配置。或者说，作为一种理性选择，企业应当弱化与外部正式制度所提供的治理作用相似的董事会资本配置。

事实上，中国经济改革过程中，中国企业在发展过程中所面临的制度性约束，依然是学术界和实务界关注的焦点。伴随着国家治理能力现代化进程的加快，地方政府也需要对自身在公共治理方面所扮演的角色进行重新定位。作为公共资源的主要供给者和分配者，地方政府需要用一种更加创新的思维方式进行公共治理，为企业正常生产经营行为保驾护航。

一般研究认为，在政府治理水平较好的情况下，外部制度环境能够为企业财富安全提供保障，企业家对企业的家族控制程度才会降低。因此，地方政府不应当仅仅以监管者的身份，监督和规范企业经营活动为其治理目标，更重要的是要为企业发展提供良好的制度保障。为此，地方政府需要从本地区的企业发展面临的实际问题出发，总结和借鉴不同地区的经验和教训，通过多样化的方式方法将其转化为成熟的公共治理制度。通过有效的公共制度与服务供给，优化区域市场生态环境，为企业提供有效的外部治理机制。

（2）进一步规范和限制地方政府对企业经营的行政干预行为。当地方政府对企业经营的干预较为严重，企业产权及其他利益难以得到有效保护时，企业将会为了保护自身利益不受侵害而强化对企业的家族化控制。因此，应当进一步规范和限制地方政府介入企业经营活动的行政干预行为。加强对政府部门及官员的监管，保障企业的正常经营活动。在此基础上，通过提升政府的公共治理水平，促使企业回归到自身能力建设方面，进而促进企业投资效率的提升。

（3）家族企业治理机制建设过程中，应当充分重视家族控制权的优化配置问题。通过对样本企业的家族控制权配置特征分析，发现当前家族企业中存在家族对企业的高度控制。而事实上，家族对企业的高度控制并不能保证控制权治理机制的有效发挥。依据不同的制度环境，科学合理配置家族控制权，才能使得控制权治理机制得到有效发挥，进而有利于改善企业投资行为。而本书结果表明，在不同的家族控制权配置方式下，企业会选择差异化的投资行为。财富保护型的家族控制权配置方式会导致企业投资金融化，进而导致企业投资金融化问题的出现。因此，在家族企业治理机制建设过程中，既要适应公司治理法则的基本要求，更要注意不同控制权配置方式的特性，有针对性地优化家族企业控制权配置，进而改善企业投资行为。

（4）在家族企业发展过程中，企业家自身要积极克服早期生活经历可能带来的烙印效应，增强决策理性。经过多年的发展，中国家族企业的一代创始人已经步入退休高峰期，家族企业将迎来大规模的权力转移与继承，在这些企业中，家族既要保持对企业的控制权又要谋求企业发展，二者之间存在矛盾。在企业成长与控制之间，受企业家早年家庭生活经历的影响，大多数家族企业家选择了保留控制权，而放弃了以控制权稀释为代价的高成长率。但是这种企业家的控制权偏好也容易导致家族企业决策过程中容易出现"家长决策制"和"一言堂"的现象，在一定程度上会对决策质量造成负面效应。从长期来看，这种选择在一定程度上阻碍了家族企业的现代化治理转型，也导致企业投资行为出现金融化倾向。因此，作为家族企业的主导者，企业家要清醒地认识到自身决策可能会受到早期生活经历的影响，克服决策过程中的非理性因素的影响，增加决策理性，积极推进家族企业治理机制优化和投资决策科学性。

6.3　研究不足及未来展望

本书回应理论与实践研究需要，从家族控制权配置对企业家的早年家庭生活经历和企业投资行为的内生反应入手，剖析企业家贫困经历、家族控制权配置与企业投资金融化之间的关系。解答"企业家的早年贫困经历究竟如何影响家族控制权配置选择，进而影响家族企业投资金融化行为，其深层次的作用机理是什么?"的问题,为中国家族企业优化控制权配置,提高治理有效性和投资决策科学性提供了经验证据。然而,企业家贫困经历、家族控制权配置与家族企业投资行为问题是一个非常复杂的问题,本书的研究只是触及了"冰山一角",依然存在较大的局限性和未来可突破的方面,具体如下:

一是关于企业家早年贫困生活经历与家族控制权偏好关系的分析,背后所蕴含的是企业家贫困生活经历引致的风险规避心理,本书通过相关调节性变量的检验,一定程度上提供了验证。但限于变量测量难度和数据的可获得性,有可能直接的作用路径没有完全反映出来,这有待未来加以解决。

二是考虑到家族控制权配置的风险规避效应难以直接度量,为从经验上检验家族控制权配置的不同影响效应的差异性,本书设计了一种新的研究策略。首先,从理论上论证了财富保护型家族控制权配置方式主要通过两种差异化效应影响家族企业投资金融化行为。如果能够检验出何种影响效应的重要性更强,那么就能够识别出两种作用机制之间的差异。其次,要实现上述策略,关键在于控制其中一种影响效应,以便分离出另一种影响效应。

为此,本书依据相关文献,采用 SA 指数构建能够反映融资约束效应的指标,并在回归检验中对其加以控制,从而分离出风险规避效应。通过差异性比较检验,从经验上检验了两种不同机制效应的重要性。但该处理方式的前置条件是,理论分析上认为财富保护型控制权配置方式主要会产生这两种影响效应。但事实上,还存在其他影响效应的可能性,毕竟本书对于事物的理解会受到自身认知的局限。准确地讲,在剥离出融资约束效应对家族企业投资金融化产生的影响后,剩余部分的影响应归于"非融资约束"效应。由此,未来研究需要进行思考的问题是,如何准确度量家族控制权配置的风险规避效应这一构念,并在此基础上就两种不同影响效应的重要性,进行比较性检验。

三是根据已有文献对个体社会阶层背景的研究,本书对企业家贫困经历主要从早年家庭生活经历和创业前的其他生活经历两方面进行研究。其中，企业家的早年家庭生活经历是根据基什格法特和坎贝尔（Kishgephart & Campbell，2015）的研究，从家庭经济条件出发将分为富裕家庭和贫困家庭两个层级。但事实上，贫困经历的划分类型是多种多样的。尤其是对于中国家族企业来说，长期存在的城乡二元结构，使得出生在生活条件相对落后的农村的农民企业家与接受过良好教育、有着长期城市生活经历的市民企业家相比，在对于权力、财富和风险的认知偏好上必然存在差异，进而也会影响企业的控制权配置选择与投资决策行为。因此，未来可以考虑根据中国城乡二元结构的现实、中国人事管理政策以及社会学相关研究，将企业主的出身阶层分为农民家庭、工人家庭和干部家庭三个层级，并在此基础上展开研究。

四是本研究采用的是上市家族企业调查数据，但事实上，在全世界范围内，更多的家族企业是未上市公司。上市家族企业和非上市家族企业受到的资本市场和外部治理机制的影响以及对其信息披露的要求等是存在巨大差异的，上市家族企业与非上市家族企业之间存在的巨大差异，这些差异在一定程度上限制了本书研究结论的普遍性，未来在条件成熟的情况下，可以考虑采用未上市公司样本进行重新检验。

参 考 文 献

[1] 查道林，李宾．高管从军经历对企业现金持有的影响 [J]．中南财经政法大学学报，2021 (1)：3 - 13 + 158.

[2] 车培荣，齐志伟，王砚羽．环境的烙印：企业成立时的环境对创新战略的影响 [J]．科学学研究，2020，38 (9)：1677 - 1685.

[3] 陈德球，肖泽忠，董志勇．家族控制权结构与银行信贷合约：寻租还是效率？[J]．管理世界，2013 (9)：130 - 143.

[4] 陈德球，魏刚，肖泽忠．法律制度效率、金融深化与家族控制权偏好 [J]．经济研究，2013，48 (10)：55 - 68.

[5] 陈东．私营企业出资人背景、投机性投资与企业绩效 [J]．管理世界，2015 (8)：97 - 119.

[6] 陈建林，冯昕珺，李瑞琴．家族企业究竟是促进创新还是阻碍创新？——争论与整合 [J]．外国经济与管理，2018，40 (4)：140 - 152.

[7] 陈伟宏，钟熙，宋铁波，周荷晖．高管从军经历、竞争情形与企业研发投入 [J]．研究与发展管理，2019，31 (6)：80 - 90.

[8] 程霖，周艳．近代中国家族企业代际传承与"泛家族化"股权融资思想 [J]．财经研究，2018，44 (11)：61 - 73.

[9] 程书强．家族企业成长与控制权转移的相关性分析 [J]．中国软科学，2006 (9)：130 - 136.

[10] 崔鼎昌，曾楚宏．基于信任的家族企业控制权配置及其演化研究 [J]．中央财经大学学报，2014 (5)：79 - 85.

[11] 代吉林，李新春．家族逻辑、企业逻辑与家族企业成长——S公司案例研究 [J]．管理学报，2012，9 (6)：809 - 817.

[12] 戴维奇, 刘洋, 廖明情. 烙印效应: 民营企业谁在"不务正业"? [J]. 管理世界, 2016 (5): 99-115.

[13] 戴泽伟, 潘松剑. 高管金融经历与实体企业投资金融化 [J]. 世界经济文汇, 2019 (2): 76-99.

[14] 戴赜, 彭俞超, 马思超. 从微观视角理解经济"脱实向虚"——企业金融化相关研究述评 [J]. 外国经济与管理, 2018, 40 (11): 31-43.

[15] 窦炜, 刘星, 韩晓宇. 控制权配置、投资者保护与投资效率——一个关于企业投资行为研究的综述 [J]. 中央财经大学学报, 2015 (1): 63-70.

[16] 杜勇, 王婷. 管理者金融危机经历影响企业投资金融化水平吗?——基于中国上市公司的实证研究 [J]. 商业经济与管理, 2019 (8): 58-71.

[17] 杜勇, 谢瑾, 陈建英. CEO 金融背景与实体企业投资金融化 [J]. 中国工业经济, 2019 (5): 136-154.

[18] 杜勇, 周丽. 高管学术背景与企业投资金融化 [J]. 西南大学学报 (社会科学版), 2019, 45 (6): 63-74.

[19] 范晓光, 吕鹏. 中国私营企业主的社会构成: 阶层与同期群差异 [J]. 中国社会科学, 2017 (7): 70-87.

[20] 傅超, 王文姣, 傅代国. 高管从军经历与企业战略定位——来自战略差异度的证据 [J]. 管理科学, 2021, 34 (1): 66-81.

[21] 高伟伟, 李婉丽, 郭宏. 家族企业 CEO 性质、环境不确定性与资本配置效率 [J]. 软科学, 2017, 31 (1): 53-57.

[22] 顾露露, 蔡良, 雷悦. 家族治理、所有权变更与企业创新——基于中国家族企业的实证研究 [J]. 管理科学, 2017, 30 (2): 39-53.

[23] 郭胤含, 朱叶. 有意之为还是无奈之举——经济政策不确定性下的企业投资金融化 [J]. 经济管理, 2020, 42 (7): 40-55.

[24] 韩雪亮, 王霄, 董峰. 家庭结构、组织权力结构与家族企业地

区多元化行为——基于社会建构论视角的实证研究 [J]. 管理评论, 2019, 31 (12): 181-193.

[25] 韩亦, 郑恩营. 组织印记与中国国有企业的福利实践 [J]. 社会学研究, 2018, 33 (3): 51-73+243.

[26] 何轩, 陈文婷, 李新春. 赋予股权还是泛家族化——家族企业职业经理人治理的实证研究 [J]. 中国工业经济, 2008 (5): 109-119.

[27] 何轩, 李新春. 中庸理性影响下的家族企业股权配置: 中国本土化的实证研究 [J]. 管理工程学报, 2014, 28 (1): 1-9.

[28] 何轩, 宋丽红, 朱沆, 李新春. 家族为何意欲放手? ——制度环境感知、政治地位与中国企业家的传承意愿 [J]. 管理世界, 2014 (2): 90-101+110+188.

[29] 何瑛, 于文蕾, 戴逸驰, 王砚羽. 高管职业经历与企业创新 [J]. 管理世界, 2019, 35 (11): 174-192.

[30] 胡旭阳, 吴一平. 创始人政治身份与家族企业控制权的代际锁定 [J]. 中国工业经济, 2017 (5): 152-171.

[31] 胡旭阳, 张佳楠. "夫妻搭档" 治理与家族企业竞争优势——基于倾向得分匹配法 [J]. 经济与管理研究, 2018, 39 (9): 125-135.

[32] 胡旭阳. "夫妻搭档" 治理与家族企业的研发投入——社会情感财富理论的视角 [J]. 经济管理, 2019, 41 (12): 57-72.

[33] 黄继承, 盛明泉. 高管背景特征具有信息含量吗? [J]. 管理世界, 2013 (9): 144-153.

[34] 黄伟, 鲁春义, 王旸. 中国民营企业为何要金融化 [J]. 金融经济学研究, 2020, 35 (2): 113-125.

[35] 简冠群. 终极控制权配置与再融资方式选择: 管理防御还是利益侵占 [J]. 广东财经大学学报, 2019, 34 (6): 50-63.

[36] 赖黎, 巩亚林, 夏晓兰, 马永强. 管理者从军经历与企业并购 [J]. 世界经济, 2017, 40 (12): 141-164.

[37] 郎香香, 尤丹丹. 管理者从军经历与企业研发投入 [J]. 科研

管理，2021，42（6）：166－175.

[38] 雷井生，林莎. 企业家声誉对控制权配置影响的实证研究 [J]. 科学学与科学技术管理，2011，32（12）：160－167.

[39] 李大鹏，周兵. 家族企业终极控制权、现金流量权与公司绩效的实证分析 [J]. 管理世界，2014（9）：180－181.

[40] 李刚，侯晓红. 公司终极控制权配置影响因素的制度分析 [J]. 财经问题研究，2016（5）：24－29.

[41] 李思龙. 企业投资金融化的动机及系统性金融风险影响——来自上市公司金融业股权投资的证据 [J]. 广东财经大学学报，2017，32（4）：45－57.

[42] 李文贵，邵毅平. 创始人管理、企业投资金融化与主业发展 [J]. 财贸研究，2020，31（9）：76－87.

[43] 李新春，贺小刚，邹立凯. 家族企业研究：理论进展与未来展望 [J]. 管理世界，2020，36（11）：207－229.

[44] 李新春，马骏，何轩，袁媛. 家族治理的现代转型：家族涉入与治理制度的共生演进 [J]. 南开管理评论，2018，21（2）：160－171.

[45] 连燕玲，张远飞，贺小刚，等. 亲缘关系与家族控制权的配置机制及效率——基于制度环境的解释 [J]. 财经研究，2012（4）：92－102.

[46] 梁强，王博，宋丽红，徐二明. 制度复杂性与家族企业成长——基于正大集团的案例研究 [J]. 南开管理评论，2020，23（3）：51－62.

[47] 刘白璐，吕长江. 中国家族企业家族所有权配置效应研究 [J]. 经济研究，2016，51（11）：140－152.

[48] 刘静，李晓溪，翁宵暐，等. 家族创始人职业经历与企业风险承担 [J]. 经济理论与经济管理，2016，V36（8）：33－46.

[49] 刘磊，万迪昉. 家族企业所有者间控制权配置选择与演进 [J]. 中国工业经济，2006（3）：75－82.

[50] 刘星，苏春，邵欢. 代际传承与家族董事席位超额控制 [J].

经济研究, 2021, 56 (12): 111-129.

[51] 刘振杰, 李颖达, 李维安. 董事长贫困生活经历与企业战略风险承担 [J]. 华东经济管理, 2019, 33 (11): 142-152.

[52] 刘志彪. 实体经济与虚拟经济互动关系的再思考 [J]. 学习与探索, 2015 (9): 82-89.

[53] 罗苓宁, 王增武, 张凯. 家族企业激励机制设计的分析框架 [J]. 经济社会体制比较, 2018 (4): 174-183.

[54] 罗勇根, 饶品贵, 陈灿. 高管宏观认知具有管理者 "烙印" 吗? ——基于管理者风格效应的实证检验 [J]. 金融研究, 2021 (5): 171-188.

[55] 吕鸿江, 吴亮, 周应堂. 家族企业治理模式的分类比较与演进规律 [J]. 中国工业经济, 2016 (12): 123-139.

[56] 马骏, 黄志霖, 何轩. 家族企业如何兼顾长期导向和短期目标——基于企业家精神配置视角 [J]. 南开管理评论, 2020, 23 (6): 124-135.

[57] 马丽波, 陈旺. 企业家能力、控制权配置与家族企业或然走向 [J]. 改革, 2012 (1): 125-130.

[58] 马永强, 邱煜. CEO 贫困出身、薪酬激励与企业风险承担 [J]. 经济与管理研究, 2019, 40 (1): 97-114.

[59] 麦木蓉, 魏安半, 钟子康. "优化" 还是 "恶化" ——基于上市家族企业的控制权安排研究 [J]. 经济学报, 2020, 7 (4): 21-63.

[60] 牛煜皓, 卢闯. 高管贫困生活经历与企业金融资产配置 [J]. 中南财经政法大学学报, 2020 (3): 35-45.

[61] 潘越, 翁若宇, 纪翔阁, 戴亦一. 宗族文化与家族企业治理的血缘情结 [J]. 管理世界, 2019, 35 (7): 116-135+203-204.

[62] 秦璇, 朱晓琦, 方军雄. CFO 首次入职时经济状况的烙印效应与会计信息质量 [J]. 外国经济与管理, 2020, 42 (4): 94-106.

[63] 邱煜. 贫困生活经历会使高管更加谨慎吗? [J]. 现代财经 (天

津财经大学学报），2019，39（10）：46-62.

[64] 权小锋，醋卫华，尹洪英．高管从军经历、管理风格与公司创新 [J]．南开管理评论，2019，22（6）：140-151.

[65] 任羽菲．经济金融化的流动性风险——基于货币增速剪刀差与资产价格相互作用的分析 [J]．财经研究，2017，43（10）．

[66] 申尊焕，龙建成．单独控制与共同控制家族企业特征及其影响的比较分析——来自中国上市公司的证据 [J]．中国管理科学，2016，24（S1）：796-806.

[67] 沈维涛，幸晓雨．CEO 早期生活经历与企业投资行为——基于 CEO 早期经历三年困难时期的研究 [J]．经济管理，2014（12）：72-82.

[68] 苏治，方彤，尹力博．中国虚拟经济与实体经济的关联性——基于规模和周期视角的实证研究 [J]．中国社会科学，2017（8）：87-109.

[69] 孙凡．民营企业身份认同与企业投资金融化 [J]．外国经济与管理，2021，43（9）：102-117.

[70] 孙秀峰，张文龙，冯宝军．"去家族化"如何影响企业融资约束——基于创业板家族企业数据的研究 [J]．经济管理，2021，43（3）：145-160.

[71] 唐英凯，周静，邹晖．中国家族类上市公司控制权价值及影响因素 [J]．经济问题，2009（3）：48-50.

[72] 田银华，周志强，廖和平．动态三环模式与家族企业产权契约治理研究 [J]．商业经济与管理，2012（7）：40-48.

[73] 汪建华．参军：制度变迁下的社会分层与个体选择性流动 [J]．社会，2011，31（3）：138-154.

[74] 王春秀．家族企业控制权安排的隐性激励及效率改进 [J]．商业研究，2011（3）：35-40.

[75] 王春艳，林润辉，袁庆宏，等．企业控制权的获取和维持——基于创始人视角的多案例研究 [J]．中国工业经济，2016（7）：144-160.

[76] 王海芳，张笑愚．控股股东股权质押、投资者情绪与实体企业投

资金融化——基于迎合理论视角 [J].经济管理,2021,43(8):157-176.

[77] 王明琳,周生春.控制性家族类型、双重三层委托代理问题与企业价值 [J].管理世界,2006(8):83-93.

[78] 王藤燕,金源.去家族化能缓解企业融资约束吗?[J].外国经济与管理,2020,42(6):139-152.

[79] 王元芳,徐业坤.保守还是激进:管理者从军经历对公司风险承担的影响 [J].外国经济与管理,2019,41(9):17-30+46.

[80] 魏志华,林亚清,吴育辉,李常青.家族企业研究:一个文献计量分析 [J].经济学(季刊),2014,13(1):27-56.

[81] 文春晖,任国良.虚拟经济与实体经济分离发展研究——来自中国上市公司2006-2013年的证据 [J].中国工业经济,2015(12):115-129.

[82] 翁若宇,陈秋平,陈爱华."手足亲情"能否提升企业经营效率?——来自A股上市手足型家族企业的证据 [J].经济管理,2019,41(7):88-104.

[83] 吴慧香,孙莉.终极控股股东视角下的控制权配置对企业创新的影响研究 [J].软科学,2019,33(9):140-144.

[84] 吴建祥,李秉祥.企业控制权配置特征对经理管理防御的影响——基于实际控制人视角 [J].商业研究,2019(7):112-126.

[85] 吴炯,邢修帅.家族企业成长中的合法性约束及其变迁 [J].南开管理评论,2016,19(6):155-167.

[86] 吴炯.家族企业剩余控制权传承的地位、时机与路径——基于海鑫、谢瑞麟和方太的多案例研究 [J].中国工业经济,2016(4):110-126.

[87] 吴炜.参军经历、市场转型与精英地位获得 [J].北京社会科学,2019(1):108-118.

[88] 徐细雄,刘星.创始人权威、控制权配置与家族企业治理转

型——基于国美电器"控制权之争"的案例研究 [J]. 中国工业经济, 2012 (2): 139 - 148.

[89] 许静静. 家族企业形成方式、控制权结构与高管来源 [J]. 系统管理学报, 2016, 25 (5): 881 - 887.

[90] 许年行, 李哲. 高管贫困生活经历与企业慈善捐赠 [J]. 经济研究, 2016, 51 (12): 133 - 146.

[91] 许年行, 谢蓉蓉, 吴世农. 中国式家族企业管理: 治理模式、领导模式与公司绩效 [J]. 经济研究, 2019, 54 (12): 165 - 181.

[92] 许永斌, 郑金芳. 中国民营上市公司家族控制权特征与公司绩效实证研究 [J]. 会计研究, 2007 (11): 50 - 57 + 96.

[93] 严若森, 张志健. 家族控制权结构对企业过度投资的影响——外部制度环境的调节作用 [J]. 财贸研究, 2016 (3): 138 - 147.

[94] 严若森, 叶云龙. 家族超额控制与家族企业创新: 激励效应? 抑制效应? ——基于中国的经验证据 [J]. 人文杂志, 2016 (7): 25 - 34.

[95] 杨超, 山立威. 创始人家族控股、股权分置与现金股利之谜——基于上市家族企业的实证研究 [J]. 经济评论, 2018 (2): 147 - 160.

[96] 杨光飞. 家族企业控制权的变革逻辑: 从西方到中国 [J]. 江淮论坛, 2007 (5): 23 - 28.

[97] 杨文君, 何捷, 陆正飞. 家族企业股权制衡度与企业价值的门槛效应分析 [J]. 会计研究, 2016 (11): 38 - 45 + 95.

[98] 杨兴全, 张方越, 杨征. 社会资本与企业投资金融化: 正向助推还是负向抑制 [J]. 现代财经 (天津财经大学学报), 2021, 41 (4): 3 - 17.

[99] 杨学磊, 李卫宁, 尚航标. 基于文献计量的家族企业传承研究现状和主题识别分析 [J]. 管理学报, 2021, 18 (2): 306 - 316.

[100] 叶国灿. 论家族企业控制权的转移与内部治理结构的演变 [J]. 管理世界, 2004 (4): 147 - 148 + 153.

［101］游河.教育的阶层差距与社会流动［J］.当代世界与社会主义，2009（6）：142－146.

［102］于连超，张卫国，毕鑫，毕茜，张亨溢.高管从军经历与企业投资金融化：抑制还是促进？［J］.科学决策，2019（6）：20－42.

［103］张成思，张步昙.再论金融与实体经济：经济金融化视角［J］.经济学动态，2015（6）：56－66.

［104］张成思，张步昙.中国实业投资率下降之谜：经济金融化视角［J］.经济研究，2016（12）：32－47.

［105］张明，张学敏，涂先进.高等教育能打破社会阶层固化吗？——基于有序 probit 半参数估计及夏普里值分解的实证分析［J］.财经研究，2016，42（8）：15－26.

［106］张芯蕊，窦军生，陈志军.国际家族企业研究三十年的可视化分析［J］.科学学与科学技术管理，2020，41（6）：159－182.

［107］赵红霞，王乐美.促进还是抑制：高等教育对社会阶层流动的影响——基于 CGSS 混合截面数据的实证分析［J］.高教探索，2020（9）：5－11.

［108］赵玉洁，黄华青.CEO 贫困生活经历对上市公司盈余管理的影响［J］.证券市场导报，2019（12）：40－50.

［109］钟凯，刘金钊，王化成.家族控制权会加剧企业资金期限结构错配吗？——来自中国非国有上市公司的经验证据［J］.会计与经济研究，2018，32（2）：3－20.

［110］周弘，张成思，唐火青.融资约束与实体企业投资金融化［J］.管理科学学报，2020，23（12）：91－109.

［111］周志强，田银华，王克喜.家族企业契约治理模型、模式及其选择研究——基于代理理论与管家理论融合视角［J］.商业经济与管理，2013（5）：5－12.

［112］祝振铎，李新春，赵勇.父子共治与创新决策——中国家族企业代际传承中的父爱主义与深谋远虑效应［J］.管理世界，2021，37

（9）：191 – 206 + 232 + 207.

［113］A，S. D. ，B，A. G. ，& C，J. K. Investment and financing constraints in China：does working capital management make a difference? -sciencedirect. Journal of Banking & Finance，2013，37（5），1490 – 1507.

［114］Adler，N. E. ，& Snibbe，A. C. The role of psychosocial processes in explaining the gradient between socioeconomic status and health. Current Directions in Psychological Science，2003，12（4）：119 – 123.

［115］Adler，N. E. ，Epel，E. S. ，Castellazzo，G. ，& Ickovics，J. R. Relationship of subjective and objective social status with psychological and physiological functioning：Preliminary data in healthy white women. Health Psychology，2000，19（6）：586 – 592.

［116］Aldrich，H. E. Organizations and environments. Englewood Cliffs，NJ：Prentice-Hall，1979.

［117］Amore，M. D. ，Minichilli，A. ，& Corbetta，G. How do managerial successions shape corporate financial policies in family firms? Journal of Corporate Finance，2011，17（4）：1016 – 1027.

［118］Anderson，C. ，& Galinsky，A. D. Power，optimism and risk-taking. European Journal of Social Psychology，2006，36：511 – 536.

［119］Anderson，R. C. ，Mansi，S. A. ，& Reeb，D. M. Founding family ownership and the agency cost of debt. Journal of Financial Economics，2002，68（2）：263 – 285.

［120］Bascle，G. Controlling for endogeneity with instrumental variables in strategic management research. Strategic Organization，2008，6：285 – 327.

［121］Bateman，T. S. ，& Zeithaml，C. P. The psychological context of strategic decisions：A model and convergent experimental findings. Strategic Management Journal，1989，10：59 – 74.

［122］Bednar，M. K. Watchdog or lapdog? A behavioral view of the FCAM as a corporate governance mechanism. Academy of Management Journal，

2012, 55: 131 - 150.

[123] Begley, T. M. Using founder status, age of firm, company growth rate as the basis for distinguishing entrepreneurs from managers of smaller businesses. Journal of Business Venturing, 1995, 10: 249 - 263.

[124] Bergman, J. Z. , Rentsch, J. R. , Small, E. E. , Davenport, S. W. , & Bergman, S. M. The shared leadership process in decision-making teams. The Journal of Social Psychology, 2012, 152 (1): 17 - 42.

[125] Bertrand, M. , & Schoar, A. The role of family in family firms. Journal of Economic Perspectives, 20 (2), 2006: 73 - 96.

[126] Bianchi, E. C. The bright side of bad times: The affective advantages of entering theworkforce in a recession. Administrative Science Quarterly, 2013, 58 (4): 587 - 623.

[127] Bigley, G. A. , & Wiersema, M. F. New CEOs and corporate strategic refocusing: How experience as heir apparent influences the use of power. Administrative Science Quarterly, 2002, 47: 707 - 727.

[128] Bourdieu, P. Distinction: A social critique of the judgment of taste. (Translated by R. Nice) Cambridge, 1984, MA: Harvard University Press.

[129] Bourdieu, P. Structures, Habitus, Power: Basis for a theory of symbolic power. In ND Dirks, G. Eley, & SD Ortner (Eds.), 1994, Culture/ power/history: A reader in contemporary social theory: 155 - 199.

[130] Bullock, H. E. , & Lott, B. Social class and power. In A. Guinote & T. K. Vescio (Eds.), The social psychology of power: 408 - 427. New York: Guilford Press, 2010.

[131] Bunderson, J. S. Team member functional background and involvement in management teams: direct effects and the moderating role of power centralization. Academy of Management Journal, 2003, 46 (4): 458 - 474.

[132] Bunderson, J. S. , Sutcliffe, K. M. Comparing alternative concep-

tualizations of functional diversity in management teams: Process and performance effects. Academy of Management Journal, 2002, 45 (5): 875 – 893.

[133] Calabrò, A., Campopiano, G., Basco, R., Pukall, T. Governance structure and internationalization of family-controlled firms: the FCAMting role of international entrepreneurial orientation. European Management Journal, 2017, 35 (2): 238 – 248.

[134] Cannella, A. A., Park, J. H., Lee, H. U. Top management team functional background diversity and firm performance: Examining the roles of team member colocation and environmental uncertainty. Academy of Management Journal, 2008, 51 (4): 768 – 784.

[135] Cao, Q., Simsek, Z., Jansen, J. J. P. CEO social capital and entrepreneurial orientation of the firm: Bonding and bridging effects. Article in press at the Journal of Management, 2012.

[136] Carpenter, M. A., Geletkanycz, M. A., Sanders, W. G. Upper echelons research revisited: Antecedents, elements, and consequences of top management team composition. Journal of Management, 2004, 30: 749 – 778.

[137] Certo, S. T., Semadeni, M. Strategy research and panel data: Evidence and implications. Journal of Management, 2006, 32: 449 – 471.

[138] Chatterjee, A., Hambrick, D. C. It's all about me: Narcissistic chief executive officers and their effects on company strategy and performance. Administrative Science Quarterly, 2007, 52: 351 – 386.

[139] Chen, S., Fang, H. C., Mackenzie, N. G., Carter, S., Chen, L., Wu, B. Female leadership in contemporary chinese family firms. Asia Pacific Journal of Management, 2018, (3), 1 – 31.

[140] Christie, A., Barling, J. Disentangling the indirect links between SES and health: The dynamic roles of work stressors and personal control. Journal of Applied Psychology, 2009, 94: 1466 – 1478.

[141] Christopher Marquis, András Tilcsik. Imprinting: Toward a Multi-

level Theory. Academy of Management Annals, 2013, 7 (1): 195 – 245.

[142] Chu, W. Family ownership and firm performance: influence of family management, family control, and firm size. Asia Pacific Journal of Management, 2011, 28 (4), 833 – 851.

[143] Chung, H. M., Dahms, S., Kao, P. T. Emerging market multinational family business groups and the use of family managers in foreign subsidiaries. Management International Review, 2021, 61 (1): 1 – 33.

[144] Clair, J. A., Beatty, J. E., MacLean, T. L. Out of sight but not out of mind: Managing invisible social identities in the workplace. Academy of Management Review, 2005, 30: 78 – 95.

[145] Corten, M., Steijvers, T., Lybaert, N., Astrachan, J. H. The effect of intrafamily agency conflicts on audit demand in private family firms: the moderating role of the board of directors. Journal of Family Business Strategy, 2017, 8 (1), 13 – 28.

[146] Coté, S. How social class shapes thoughts and actions in organizations. Research in Organizational Behavior, 2011, 31: 43 – 71.

[147] Cotton, C. Social class as a neglected variable in organizational behavior. Journal of Psychology, 1994, 128 (4): 409 – 417.

[148] Crossland, C., Hambrick, D. C. How national systems differ in their constraints on corporate executives: A study of CEO effects in three countries. Strategic Management Journal, 2007, 28 (8): 767 – 789.

[149] Crossland, C., Zyung, J., Hiller, N., Hambrick, D. C. CEO career variety: Effects on firm-level strategic and social novelty. Academy of Management Journal, 2013, In Press.

[150] Cycyota, C. S., Harrison, D. A. What (not) to expect when surveying executives: A meta-analysis of top manager response rates and techniques over time. Organizational Research Methods, 2006, 9: 133 – 160.

[151] Cyert, R. M., March, J. G. A behavioral theory of the firm. En-

glewood Cliffs, NJ: Prentice-Hall, 1963.

[152] Daspit, J. J., Chrisman, J. J., Sharma, P., Pearson, A. W., Mahto, R. V. Governance as a source of family firm heterogeneity. Journal of Business Research, 2018, 84 (3): 293 – 300.

[153] Davis, N., & Robinson, R. Class identification of men and women in the 1970s and 1980s. American Sociological Review, 1988, 53: 103 – 112.

[154] Dess, G. G. Beard, D. W. Dimensions of organizational task environments. Administrative Science Quarterly, 1984, 29 (1): 52 – 73.

[155] Devers, C. E., McNamara, G., Wiseman, R. M., Arrfelt, M. Moving closer to the action: Examining compensation design effects on firm risk. Organization Science, 2008, 19: 548 – 566.

[156] Díaz-Díaz, N. L., García-Teruel, P. J., Martínez-Solano, P. Debt maturity structure in private firms: does the family control matter? Journal of Corporate Finance, 2016, 37: 393 – 411.

[157] Domhoff, G. W. Who rules America: Challenges to corporate and class dominance. New York: McGraw-Hill, 2010.

[158] Domhoff, G. W. Who rules America? Power and politics. Boston: McGraw-Hill, 2002.

[159] Ehrenreich, B. Fear of falling: The inner life of the middle class. New York: PantheonBooks, 1989.

[160] Einhorn S, Heinicke X, Guenther T W. Management control packages in family businesses: a configurational approach [J]. Journal of Business Economics, 2021, 91 (4): 433 – 478.

[161] Eisenhardt, K. 1989. Agency theory: An assessment and review. Academy of Management Review, 1989, 14: 57 – 74.

[162] Fern, M. J., Cardinal, L. B., O'Neill, H. M. The genesis of strategy in new ventures: escaping the constraints of founder and team knowl-

edge. Strategic Management Journal, 2012, 33 (4): 427 – 447.

[163] Finkelstein, S., Hambrick, D. C. Top-management-team tenure and organizational outcomes: The moderating role of managerial discretion. Administrative Science Quarterly, 1990, 35: 484 – 503.

[164] Finkelstein, S., Hambrick, D. C., Canella, A. A. Strategic leadership: Theory and research on executives, top management teams, and boards. New York: Oxford University Press, 2009.

[165] Finkelstein, S. Power in top management teams: Dimensions, measurement, and validation. Academy of Management Journal, 1992, 35: 505 – 538.

[166] Fiske, S. T., Markus, H. R. Facing social class: How societal rank influences interaction. New York: Russell Sage Foundation, 2012.

[167] Fiske, S. T., Moya, M., Russell, A. M., Bearns, C. The secret handshake: Trust in cross-class encounters. In Fiske, S. T. & Markus, H. R. (Eds.) Facing social class: How societal rank influences interaction: 234 – 251. New York: Russell Sage Foundation, 2012.

[168] Freeland, C. The Rise of the New Global elite, The Atlantic (January/February), 2011.

[169] Fussell, P. 1983. A guide through the American status system. New York: Touchstone Geletkanycz, M. A., Black, S. S. 2001. Bound by the past? Experience-based effects on commitment to the strategic status quo. Journal of Management, 1983, 27 (1): 3 – 21.

[170] Gerhart, B., Rynes, S. L., Fulmer, I. S Pay and performance: Individuals, groups, and executives. Academy of Management Annals, 2009, 3: 251 – 315.

[171] Giuliano, P. Spilimbrgo, A. Growing up in a recession: Beliefs and the macroeconomy. Institute for the Study of Labor, 2009, Working paper No. 4265.

[172] Goranova, M., Abouk, R., Nystrom, P. C., Soofi, E. S. Corporate governance antecedents to shareholder activism: a zero-inflated process. Strategic Management Journal, 2017, 38 (2): 415 –435.

[173] Gormley, T. A., Matsa, D. A. Playing it safe? managerial preferences, risk, and agency conflicts. Journal of Financial Economics, 2016, 122 (3): 431 –455.

[174] Gray, B., Kish-Gephart, J. J. Encountering social class differences at work: How "classwork" perpetuates inequality. Academy of Management Review, 2013, 38 (4): 670 – 699.

[175] Hall, C. C. Behavioral decision research, social class, and implications for public policy. In S. T. Fiske & H. R. Markus (Eds.) Facing social class: How societal rank influences interaction. 175 – 194. New York: Russell Sage Foundation, 2012.

[176] Hambrick, D. C., Mason, P. A. Upper echelons: the organization as a reflection of its top managers. Academy of Management Review, 1984, 9 (2): 193 –206.

[177] Hambrick, D. C. Upper echelons theory: an update. Academy of Management Review, 2007, 32 (2): 334 –343.

[178] Hambrick, D. C., Mason, P. A. Upper echelons: The organization as a reflection of its top managers. Academy of Management Review, 1984, 9: 193 –206.

[179] Hambrick, D. C., Quigley, T. J.. Toward more accurate contextualization of the CEO effect on firm performance. Strategic Management Journal, 2013, 35: 473 –491.

[180] Hambrick, D. C. and Mason, P. A.. Upper Eche lons: The Organization as a Reflection of Its Top Managers. Academy of Management Review, 1984, 9: 193 –206.

[181] Haunschild, P. R., Henderson, A., & Davis-Blake, A. CEO

demographics and acquisitions: Network and cognitive effects of educational and functional background. In A. J, 1998.

[182] Hayward, M. , Hambrick, D. C. Explaining the premiums paid for large acquisitions: Evidence of CEO hubris. Administrative Science Quarterly, 1997, 42: 103 – 127.

[183] Higgins, M. C. Career imprints: Creating leaders across an industry (1st ed.) . 2005, San Francisco, CA: Jossey-Bass.

[184] Hitt, M. A. , & Tyler, B. B. Strategic decision models: Integrating different, 1991.

[185] Holburn, G. L. , Zelner, B. A. Political capabilities, policy risk, and international investment strategy: Evidence from the global electric power generation industry. Strategic Management Journal, 2010, 31 (12): 1290 – 1315.

[186] Hoskisson, R. E. , Hitt, M. A. , Johnson, R. A. , Moesel, D. D. Construct validity of an objective (entropy) categorical measure of diversification strategy. Strategic Management Journal, 1993, 14: 215 – 335.

[187] Hossam, Z. , Paolo, P. Corporate ownership structure and top executives' prosocial preferences: the role of relational and external blockholders. Corporate Governance: An International Review, 2015, 23 (6): 489 – 503.

[188] Hout, M. How class works: Objective and subjective aspects of class since the 1970s. In A. Lareau & D. Conley (Eds.) Social class: How does it work?: 25 – 64. New York: Russell Sage Foundation, 2008.

[189] Hu, J. , Long, W. , Tian, G. G. , Yao, D. T. Ceos' experience of the great chinese famine and accounting conservatism. Journal of Business Finance & Accounting. , 2020, 47 (9): 1089 – 1112.

[190] Jackman, M. R. , Jackman, R. W. An interpretation of the relation between objective and subjective social status. American Sociological Review, 1973, 38: 569 – 582.

［191］ Jennifer Kish-Gephart, Joanna Campbell. You don't forget your roots: The influence of CEO social class background on strategic risk taking Academy of Management Journal, 2015, 58 (6): 1614 – 1636.

［192］ Jerry Cao, Douglas Cumming, Xiaoming Wang. One-child policy and family firms in china. Journal of Corporate Finance, 2015, 33: 317 – 329.

［193］ Johnson, S. E. , Richeson, J. A. , Finkel, E. J. Middle class and marginal? Socioeconomic status, stigma, and self-regulation at an elite university. Journal of Personality and Social Psychology, 2011, 100 (5): 838 – 852.

［194］ Kalatzis A, Pellicani D A. Family control, pyramidal ownership and investment-cash flow sensitivity: evidence from an emerging economy. 2021, Emerging Markets Finance and Trade, 57 (8): 2426 – 2446.

［195］ Keats, B. W. , Hitt, M. A. A causal model of linkages among environmental dimensions, macro organizational characteristics, and performance. Academy of Management Journal, 1988, 31 (3): 570 – 598.

［196］ Keltner, D. , Gruenfeld, D. H. , Anderson, C. Power, approach and inhibition. Psychological Review, 2003, 110 (2): 265 – 284.

［197］ Kim, Y. U. , Ozdemir, S. Z. Structuring corporate boards for wealth protection and/or wealth creation: the effects of national institutional characteristics. Corporate Governance: An International Review, 2014, 22 (3): 266 – 289.

［198］ Kittleson, M. M. , Meoni, L. A. , Wang, N. , Chu, A. Y. , Ford, D. E. , & Klag, M. J. Association of childhood socioeconomic status with subsequent coronary heart disease inphysicians. Archives of Internal Medicine, 2006, 166 (21): 2356 – 2361.

［199］ Kniffin, K. M. Accessibility to the PhD and Professoriate for first-generation college graduates: Review and implications for students, faculty, and campus policies. American Academic, 2007, 3: 49 – 70.

［200］ Kraus, M. W. , Keltner, D. Signs of socioeconomic status: A thin-slicing approach. Psychological Science, 2009, 20: 90 – 106.

［201］ Kuo, Y. P. , Hung, J. H. Family control and investment-cash flow sensitivity: moderating effects of excess control rights and board independence. Corporate Governance An International Review, 2012, 20 (3): 253 – 266.

［202］ Lardon, A. , Deloof, M. , Jorissen, A. Outside ceos, board control and the financing policy of small privately held family firms. Journal of Family Business Strategy, 2017, 8 (1): 29 – 41.

［203］ Lee K, Makri M, Scandura T. The Effect of Psychological Ownership on Corporate Entrepreneurship: Comparisons Between Family and Nonfamily Top Management Team Members. Family Business Review. , 2019, 32 (1): 10 – 30.

［204］ Leenders & S. M. Gabbay (Eds.) Corporate Social Capital. 266 – 283. New York: Addison Wesley.

［205］ Lubatkin, M. H. , Ling, Y. , Schulze, W. S. An organizational justice-based view of self-control and agency costs in family firms. Journal of Management Studies, 2007, 44 (6): 955 – 971.

［206］ Luis R. Gómez-Mejía, Katalin Takács Haynes, Jacobson, K. J. L. , & José Moyano-Fuentes. Socioemotional wealth and business risks in family-controlled firms: evidence from spanish olive oil mills. Administrative Science Quarterly, 2007, 52 (1): 106 – 137.

［207］ Malmendier U, Nagel S. Depression Babies: Do Macroeconomic Experiences Affect Risk Taking? NBER Working Papers, 2007, 126 (1): 08 – 035.

［208］ Mcevily, B. , Jaffee, J. , Tortoriello, M. Not all bridging ties are equal: network imprinting and firm growth in the nashville legal industry, 1933 – 1978. Organization Science, 2011, 23 (23): 547 – 563.

［209］ Memili, E. , Fang, H. , Koç, B. , Özlem YildirimÖktem, &

Sonmez, S. Sustainability practices of family firms: the interplay between family ownership and long-term orientation. Journal of Sustainable Tourism, 2017, (2): 1 - 20.

[210] Miller, D., Breton-Miller, I. L., Amore, M. D., Minichilli, A., & Corbetta, G. Institutional logics, family firm governance and performance. Journal of Business Venturing, 2017, 32 (6): 674 - 693.

[211] Morck, R., Yeung, B. Agency problems in large family business groups. Entrepreneurship Theory and Practice, 2003, 27 (4): 367 - 382.

[212] Neubaum D O, (2018). Peter J. Agents, Stewards, and Capabilities: A Review. Family Business Review, 2018, 31 (2): 227 - 228.

[213] Nissim, D., Penman, S. H. Ratio analysis and equity valuation: from research to practice. Review of Accounting Studies, 2001, 6 (1): 109 - 154.

[214] Ozgen, E., Baron, R. A. Social sources of information in opportunity recognition: Effects of mentors, industry networks, and professional forums. Journal of Business Venturing, 2007, 22: 174 - 192.

[215] Palmer, D. A., Jennings, P. D., Zhou, X. Late adoption of the multidivisional form by large US corporations: Institutional, political, and economic accounts. Administrative Science Quarterly, 1993, 38 (1): 100 - 131.

[216] Palmer, D., Barber, B. M. Challengers, elites, and owning families: A social class theory of corporate acquisitions in the 1960s. Administrative Science Quarterly, 2001, 46: 87 - 120.

[217] Palmer, T. B., Wiseman, R. M. Decoupling risk taking from income stream uncertainty: A holistic model of risk. Strategic Management Journal, 1999, 20: 1036 - 1062.

[218] PBS. "People Like Us: Social Class in America." Documentary. Transcript obtained at http://www.pbs.org/peoplelikeus/resources/transcript.pdf Accessed on July 24, 2013.

[219] Peng, M. W. , Jiang, Y. Institutions behind family ownership and control in large firms. Journal of Management Studies, 2010, 47 (2): 253 – 273.

[220] Perspectives. Strategic Management Journal, 1991, 12 (5): 327 – 351.

[221] Piff, P. K. , Robinson, A. R Social class and prosocial behavior: current evidence, caveats, and questions. Current Opinion in Psychology, 2017, 18: 6 – 10.

[222] Piff, P. K. , Kraus, M. W. , Coté, S. , Cheng, B. H. , & Keltner, D. Having less, giving more: The influence of social class on prosocial behavior. Journal of Personality and Social Psychology, 2010, 99 (5): 771 – 784.

[223] Pinheiro, R. , Yung, C. Ceos in family firms: does junior know what he's doing? . Journal of Corporate Finance, 2015, 33, 345 – 361.

[224] Princeton, NJ: Princeton University Press. Bromiley, P. Testing a causal model of corporate risk taking and performance. Academy of Management Journal, 1991, 34: 37 – 59.

[225] Romano, C. A. , Tanewski, G. A. , & Smyrnios, K. X. Capital structure decision making : a model for family business. Journal of Business Venturing, 2001, 16 (3): 285 – 310.

[226] Schulze, W. S. , Lubatkin, M. H. , & Dino, R. N. Toward a theory of altruism in family firms. Journal of Business Venturing, 2003, 18 (4): 473 – 490.

[227] Sen S, Dasgupta Z. Financialization and Corporate Investments: The Indian Case. Economics Working Paper Archive, 2015, 64 (4): 844 – 853.

[228] Simsek, Z. , Fox, B. C. , Heavey, C. "what's past is prologue": a framework, review, and future directions for organizational research on imprinting. Journal of Management, 2015, 41 (1): 288 – 317.

[229] Singal, M., Singal, V. Concentrated ownership and firm performance: does family control matter? Strategic Entrepreneurship Journal, 2011, 5 (4): 373-396.

[230] Smith, E. B., Menon, T., Thompson, L. Status differences in the cognitive activation of social networks. Organization Science, 2012, 23 (1): 67-82.

[231] Smith, K. K. Conflict in organizations: Prisons in disguise. Dubuque, IO: Kendall-Hunt, 1982.

[232] Stephens, N. M., Markus, H. R., Phillips, L. T. Social class culture cycles: how three gateway contexts shape selves and fuel inequality. Annual Review of Psychology, 2014, 65 (1): 611.

[233] Stephens, N. M., Markus, H. R., Townsend, S. S. M. Choice as an act of meaning: The case of social class. Journal of Personality and Social Psychology, 2007, 93: 814-830.

[234] Stinchcombe, A. L. Social structure and organizations. In J. G. March (Ed.), Handbook of organizations (pp. 142-193), 1965. Chicago, IL: Rand McNally.

[235] Tihanyi, L., Ellstrand, A. E., Daily, C. M., Dalton, D. R Composition of the top management team and firm international diversification. Journal of Management, 2000, 26 (6): 1157-1177.

[236] Tilcsik, A. Imprint-environment fit and performance. Administrative Science Quarterly, 2014, 59: 639-668.

[237] Tudor, J. F. The development of class awareness in children. Social Forces, 1971, 49: 470-476.

[238] Twenge, J. M., Campbell, W. K. Self-esteem and socioeconomic status: A meta-analytic review. Personality and Social Psychology Review, 2002, 6: 59-71.

[239] Useem, M., Karabel, J. Pathways to top corporate manage-

ment. American Sociological Review, 1986, 51: 184 – 200.

[240] Vallejo, M. C. Is the culture of family firms really different? a value-based model for its survival through generations. Journal of Business Ethics, 2008, 81 (2): 261 – 279.

[241] Villalonga, B. , Amit, R. How are u. s. family firms controlled? Review of Financial Studies, 2009, 22 (8): 3047 – 3091.

[242] Waldman, D. A. , Javidan, M. , Varella, P. Charismatic leadership at the strategic level: A new application of upper echelons theory. Leadership Quarterly, 2004, 15: 355 – 380.

[243] Westphal, J. D. , Khanna, P. Keeping directors in line: Social distancing as a control mechanism in the corporate elite. Administrative Science Quarterly, 2003, 48: 361 – 398.

[244] Xi-Xiong, X. U. Allocation of control rights, institutional environment and governance transition of family firms——a case study based on the control conflict of gome ltd. Journal of Business Economics, 2012, 1 (5): 16 – 22.

[245] Yoshikawa, T. , Rasheed, A. A. Family control and ownership monitoring in family-controlled firms in japan. Journal of Management Studies, 2010, 47 (2): 274 – 295.

[246] Zellweger, T. M. , Kellermanns, F. W. , Chrisman, J. J. , Chua, J. II. Family control and family firm valuation by family ceos: the importance of intentions for transgenerational control. Organization Science, 2012, 23 (3): 851 – 868.

[247] Zhu D. H. , Shen W. . Why do some outside successions fare better than others? The role of outside CEOs' prior experience with board diversity [J]. Strategic Management Journal. , 2016, 37 (13): 2695 – 2708.

后　记

多年以后，当我回首今天时，会是怎样的一种感受？

2022 年 5 月，初秋，微热，秋蝉残鸣。秋日的阳光透过斑驳的树叶洒落窗前，我安静地坐在办公室的书桌前。在这样的一个小长假里，本应北上大漠、南下苏杭，纵情山水之间，偷得浮生半日闲，却最终还是选择了在办公室整理这篇书稿。这本书的选题在两年前就已经基本确定下来了，一直想着早点完成，但由于种种原因一再延误，拖拖拉拉直到今天才算勉强成型，后面要修改之处还颇多。

自读博士以来，一直关注中国企业的公司治理问题，尤其是家族企业的治理问题。总是在思考：为什么中国的企业家对于企业会有着超乎寻常的家族控制偏好？为什么作为企业主导者的企业家要作出这样的选择？带着这样的疑问，阅读了大量关于家族企业治理的文献，也获得了一些理论逻辑上比较成立的解释，有正式制度层面的解释，也有非正式制度层面（如文化、习俗等）的解释，但总觉得缺少点什么。有一天无意中读到钱先航师兄发表在《经济研究》上的一篇论文，忽然明白了一点：缺少了对人的关注。现有的研究主要关注的是制度环境的影响，而忽视了制度环境背后的人的影响，尤其是企业家自身意志偏好的影响。而企业家意志偏好的形成与其早年贫困经历是分不开的。基于这一思考申请了 2018 年的国家自然科学基金项目，并侥幸得以立项，开始了企业家贫困经历对企业治理机制影响的研究。

人的理性是很难超越自身处境的。我有一个很好的朋友，人生的前三十年坎坎坷坷，大学毕业后进入了一家知名企业，但因种种原因失业了，后来又经历了种种不顺，陷入了多年的困顿。这困顿严重影响了他的生活状态，慢慢变成了一个对生活满腹牢骚的人，而较高的智商和多年的教育又使其有着很强的洞察力。由此得出的结论是：人是很难对抗他所面临的生活处境的，只要你将他长时间地限制在一种生活模式中，那他早晚会活成那个阶层应该有的样子。"如果你不幸坠入深渊，你可能就真的坠入了深渊；如果你不能按照你想的去活，那么你早晚只能按照你活的去想"。学术一点的说法就是：在个体的发展过程中，会经历若干敏感时期，在这期间会形成与特定环境相匹配的特征（烙印），而这些特征具有长期稳定性，会持续影响个体的后期认知和行为。

我想有很多企业家可能也是这样的，被早年家庭生活经历留下的心理烙印一直缠绕，具有高度的心理不安性和风险敏感性，反映在企业组织层面则表现为较高的家族控制权配置和风险规避性的投资决策行为。但我想人生总要有所突破，总要努力去超越自身的困顿。而对于中国家族企业来说，面对时代的进步，加速家族企业治理机制的现代化转型现代尤为必要，在这当中也需要企业家克服自身的非理性因素的影响，直面未来挑战，作出理性决策。

不知不觉已回到贵州大学5年了，领导、同事和学生相处起来关系融洽，虽然没有什么成果，但也心情愉快，我还是喜欢教学科研的，所以才有心情对中国家族企业治理问题作出一些思考，出版成册。一方面，方便与学界友人的学术交流，另一方面，也是对自己这几年科研工作的总结。同时，本书也是国家自然科学基金项目（71862006，72262006）和贵州省科技计划项目的阶段性研究成果。

写到这行文字的时候，看了一下手表：2022年5月15日16点03分。

祝国泰民安、祝中国民营企业蓬勃发展、祝所有人一生平安。

许为宾

二〇二二年五月十五日于贵州大学